青少年探索文库
QingShaoNian TanSuoWenKu

中外影视明星的故事

李 巍 编

吉林人民出版社

图书在版编目（CIP）数据

中外影视明星的故事 / 李巍编. — 长春 : 吉林人民出版社, 2010.10（2021.3重印）
（青少年探索文库）
ISBN 978-7-206-07074-7

Ⅰ. ①中… Ⅱ. ①李… Ⅲ. ①电影演员—生平事迹—世界—青少年读物②电视演员—生平事迹—世界—青少年读物 Ⅳ. ①K815.78-49

中国版本图书馆CIP数据核字(2010)第192098号

中外影视明星的故事

编　　者:李　巍
责任编辑:王　斌
吉林人民出版社出版(长春市人民大街7548号　邮政编码:130022)
印　　刷:三河市燕春印务有限公司
开　　本:700mm×970mm　　1/16
印　　张:13　　字数:110千字
标准书号:ISBN 978-7-206-07074-7
版　　次:2010年10月第1版　　印　　次:2021年3月第2次印刷
定　　价:39.00元

目　录

严珊珊 / 001

阮玲玉 / 003

周璇 / 006

李小龙 / 008

斯琴高娃 / 011

成龙 / 014

巩俐 / 016

章子怡 / 018

李连杰 / 020

查里·卓别林 / 023

弗雷德·阿斯泰尔 / 025

汉弗莱·博加特 / 027

克拉克·盖博 / 030
贾莱·古柏 / 033
加里·格兰特 / 035
琼·克劳馥 / 038
葛丽泰·嘉宝 / 040
约翰·韦恩 / 043
贝蒂·戴维斯 / 045
詹姆斯·斯图尔特 / 048
凯瑟琳·赫本 / 051
吉恩·凯利 / 054
费雯·丽 / 056
英格丽·褒曼 / 058
格里高利·派克 / 060
克里斯托弗·李 / 063
朱迪·嘉兰 / 066
马龙·白兰度 / 069
多丽丝·戴 / 071
保罗·纽曼 / 074
杰克·李蒙 / 077
彼得·塞勒斯 / 079
理查德·伯顿 / 081
玛丽莲·梦露 / 083

西德尼·波埃特 / 086
奥黛丽·赫本 / 089
格蕾丝·凯利 / 092
金·哈克曼 / 095
史蒂夫·麦奎因 / 098
克林特·伊斯特伍德 / 101
肖恩·康纳利 / 104
詹姆斯·迪恩 / 107
伊丽莎白·泰勒 / 109
索菲亚·罗兰 / 111
阿兰·德龙 / 114
伍迪·艾伦 / 117
丹尼斯·霍珀 / 119
杰克·尼科尔森 / 121
摩根·弗里曼 / 124
罗伯特·雷德福 / 127
达斯汀·霍夫曼 / 129
简·方达 / 132
安东尼·霍普金斯 / 135
哈维·凯特尔 / 138
阿尔·帕西诺 / 140
朱莉·克里斯蒂 / 143

哈里森·福特 / 145
阿穆布·巴克强 / 148
克里斯托弗·沃肯 / 151
罗伯特·德尼罗 / 154
迈克尔·道格拉斯 / 157
苏珊·萨兰登 / 159
阿诺德·施瓦辛格 / 161
塞缪尔·杰克逊 / 163
杰拉尔·德帕迪约 / 165
梅丽尔·斯特里普 / 167
西格妮·韦弗 / 170
罗宾·威廉斯 / 173
约翰·马尔科维奇 / 176
汤姆·汉克斯 / 178
金·凯利 / 181
汤姆·克鲁斯 / 183
尼古拉斯·凯奇 / 186
朱莉亚·罗伯茨 / 189
凯特·布兰切特 / 192
安吉丽娜·朱丽 / 195
凯特·温斯莱特 / 198
瑞茜·威瑟斯彭 / 200

严 珊 珊

严珊珊，1896年生于广东省南海县，毕业于香港懿德师范学校。1913年与前夫黎民伟共同创办香港美华影片公司，并在该公司摄制的短片《庄子试妻》中饰演使女，成为香港及中国电影史上第一位女演员。此后在上海民新影片公司主演《和平之神》、《五女复仇》、《再世姻缘》等影片，1928年息影，1952年去世，享年56岁。

在封建意识浓厚的当时，不用说是电影，即使在文明戏舞台上，也没有女演员。舞台上的女角，皆由男演员反串，女人演戏，抛头露面，为众人观看，是件不可想象的事。更何况电影，她走上银幕，迈出这一步需要极大的勇气和魄力，严珊珊开了女演员登上银幕的先河，是中国影坛第一个“吃螃蟹”的女人。

《庄子之妻》试映效果颇佳，也是第一部输往美国的中国电影。《庄子试妻》试映后，她和丈夫黎民伟受到鼓舞，到1923年成立了民新制造影画有限公司。

随后，严珊珊亲自出山，出演了故事长片《胭脂》的女主角。之后，严珊珊又主演了《和平之神》、《五女复仇》、《再世姻缘》等十几部影片。当时许多封建卫道士对女性演电影横加指责，而另一些人则认为严珊珊是新女性的代表人物。

严珊珊聪慧灵敏，容貌端庄秀美，矜持中又有几分活泼天真。在那一时期，她大多饰演少女、少妇形象，动作表情自然得体，颇得观众赏识。在当时年代早期从影的女电影演员中享有相当声誉。严珊珊的出现无疑对中国电影有着划时代的意义。

阮 玲 玉

阮玲玉，原名阮凤根，学名阮玉英，原籍广东中山，1910年生于上海。1927年出演处女作《挂名的夫妻》，代表作有《野草闲花》、《小玩意》、《神女》、《新女性》等，中国默片时代最著名女演员之一。阮玲玉25岁的悲剧性早殒使她成为中国电影的一个标志。

阮玲玉端庄大方，清丽脱俗。对待表演艺术，她勤奋刻苦，倾注了全部的热情，不懈追求。表演中，她能够准确地体味人物的情感，捕捉到人物感觉，并用适当的眼神、表情、动作准确地表现出来。这种准确的内心感应力和形体表现力结合得又非常自然，显示出她卓越的才华和非凡的功力。

《野草闲花》（1930年）——一个直面人生而又充满理想主义色彩的爱情故事。拒绝包办婚姻的音乐学院毕业生，爱上一位从灾区流落上海的卖花女，并把她培养成歌唱家，两人一起勇敢承担生活的风雨。

《三个摩登女性》（1933 年）——通过一个男青年和三个女青年对生活道路的不同选择，寄寓了时代环境与个人命运关系的现实思考，构成了沉沦或新生的时代特征。刻片上演后引起轰动，被誉为“新兴电影运动”的“第一只报春之燕”。

《神女》（1934 年）——向观众展示的是一位身处都市最低层的下等女性的生活遭遇。年轻女性阮嫂在环境逼迫下靠出卖肉体养活孩子。某晚，为躲避警察追捕而误入流氓章老大住处，从此被章老大霸占。她把孩子送进学校，然而孩子的身份却又为校董们所不容，她正打算与孩子一起离开，却又发现章老大把她的血泪钱全部偷去赌博，绝望中她赶到赌场用酒瓶砸死章老大，她自己却被关进了监狱。正如编导吴永刚所指出的：这是整个社会的问题，这是社会经济制度的病态！影片的矛盾头正是指向那些依附这个病态社会的吸血鬼。而在深切的人道主义同情中，发掘出弱者身上所潜藏的美质与反抗意识。

《神女》的风格属于“冷隽型”的美学观。而阮玲玉“清丽优美的表演风格和善于刻画人物性格的天才演绎，使得影片在不可能凭借对话（因当时是默片时代），而又极少使用字幕的情况下，却以自然质朴而又蕴涵深刻体验的表情和形体动作、细腻、准确、传神地表现出人物思想的跃动和灵魂的震颤，从而使刻片成为默片时代的经典作品，代表着默片表演艺术的最高水平。

阮玲玉一生中拍摄的 29 部影片均为默片，直到最后一部《新女性》才开始在伴奏音乐之外配有若干插曲，从而成为无声片向有声的过渡的尝试。可惜阮玲玉不久竟在“人言可畏”的巨大压力下辞世，这是中国电影艺坛的无可估量的损失。

周　璇

周璇，中国电影演员、歌唱家。1920 年出生，原名苏璞，江苏常熟人。她自幼被父母遗弃，卖到上海。在 20 世纪三四十年代，周璇成为蜚声海内外的著名影星、一代歌后。

周璇一生共出演了 40 多部影片，因其在电影《马路天使》中饰演女主角小红，并在影片中主唱的两首插曲《四季歌》和《天涯歌女》，而成为人们心中永远的银幕偶像。主要作品还有《李三娘》、《董小宛》、《苏三艳史》、《长相思》、《歌女之歌》、《莫负青春》、《忆江南》、《夜店》等。

在一个明星不断涌现又不断被遗忘的时代，离开这个世界已近半个世纪的周璇居然一直没有被遗忘，人们无法忘怀她在银幕上无邪而甜美的面孔，还有她天籁般的歌声， 她可以算是中国最早的两栖明星。周璇的代表作《马路天使》、《忆江南》等片更是享誉海内外，受到广泛好评。其中《马路天使》在20世纪曾被评为“中国电影90年优秀影片”之一，周璇本人则荣获“中国电影世纪奖”。她最适宜扮演的角色是那种天真未泯的小姑娘。看过《马路天使》的观众谁能忘记小红俏皮的笑容和受委屈发脾气时的伤心模样。古装片盛行时，她披上了古典的衣饰，更显露了她的东方美。《孟姜女》、《李三娘》和《董小宛》赚得了多少人的同情之泪。她顽皮的表情、甜美的笑容，中国电影界似乎还无第二人可比。

周璇还演唱了200多首歌曲，其中《何日君再来》、《四季歌》、《天涯歌女》等歌流传至今。1957年9月，周璇在上海发疯至死。然而，时至今日，周璇金嗓子一般的歌声还在海内外传播。

李小龙

李小龙，1940年生于美国加州旧金山，祖籍中国广东省佛山。一代武术宗师、武术技击家、武术哲学家、功夫影帝、功夫电影的开创者、武道哲学的创立者，截拳道的创始人。

李小龙自幼时身体较弱，其父为了儿子体魄的强壮，在他7岁时便教其练习太极拳，以锻炼身体。13岁时，李小龙拜叶问门下学习咏春拳，授业师兄（相当于教练）为有“讲手王”之称的黄淳梁。李小龙在咏春拳方面的几乎所有理论以及拳法均授自黄淳梁。此外，他还练过洪拳、白鹤拳、功力拳、太极、谭腿、少林拳、戳脚、节拳等拳种。1957年夺得香港校际拳击比赛少年组冠军。

1959年5月，在美国先入西雅图爱迪生技术学校，于稍后考入西雅图华盛顿大学攻读哲学。1962年4月，李小龙大二期间租用了校园的一个停车场角落，挂起了“振藩国术馆”的牌子。他边教边练，刻苦磨炼，技术大有长进，尤以腿法造诣更为精深。

1964年，他应邀出席美国加州长堤国际空手道锦标赛做表演。他被电视剧《蝙蝠侠》制作人威廉·多兹尔赏识，邀请试镜，于1966年4月30日，李小龙与美国广播公司签订了30集电视剧《青蜂侠》的演出合约，担演配角“加藤”，但只能播出一季共26集。其后以“加藤”角色演出3集《蝙蝠侠》及在《无敌铁探长》和《新娘驾到》中客串。

1967年，李小龙正式确立其武道哲学“截拳道”之名称。于美国期间，他仍不断进修其武艺，除了教授传统国术外，还在不断的切磋讲手中研习多种武术，如随大子弟木村武之学习柔道精髓、与美国“跆拳道之父”李俊久进修腿法、与其高足“菲律宾棍王”伊鲁山度交流菲律宾武术，他还研究西洋剑击、泰拳、西洋拳击以及当时风靡美国的空手道等多种武术，在美国后期时间还研究凶狠的巴西格雷斯柔术。

直到1968年，李小龙再次参与电影工作，先后在甸马田主演的特务片《风流特务勇破迷魂阵》，及安东尼·奎恩主演的电影《春雨漫步》担任动作指导。1969年公映的电影《丑闻喋血》是李小龙在成年时期首部参演的作品，剧中他饰演反派角色“黄宏度”，其后他于电影《血洒长街》担演一个小角色。1970年，李小龙曾创作以民初时代为背景的中国武侠片电影剧本《无音箫》，并成功觅得美国影星詹姆士·柯本合作，但因李小龙回港拍摄《唐山大兄》而搁置。

李小龙是将中国功夫传播到全世界的第一人，打入好莱坞的首位华人，他革命性地推动了世界武术和功夫电影的发展。全球共拥有2亿以上的影迷。他将“Kung Fu”（功夫）一词写入了英文词典。美国人称他为功夫之王，日本人称他为武之圣者。

李小龙的一生是短暂的，但是他却创造和打破了中国世界纪录协会多项世界之最、中国之最。却如同一颗耀眼的彗星划过国际武坛的上空，对现代搏击技击术和电影表演艺术的发展作出了巨大的贡献。他主演的功夫片风行海外，功夫闻名于世。在不少外国人心目中，他的功夫就是中国武术。他用32岁和6部电影缔造了不朽的东方传奇。

斯琴高娃

斯琴高娃，1949 年 12 月出生，内蒙古昭乌达盟宁城人，蒙古族，中国电影评论学会电视部艺术指导、《中国电影电视艺术家辞典》荣誉主编。

斯琴高娃出身于军人家庭，父亲是老红军，建国初期去世，母亲吴云带斯琴高娃姐弟三人回到故乡宁城县大城子镇。斯琴高娃自幼跟姥姥、姥爷和母亲学习唱歌、跳舞、绘画，从小幻想当一名演员。1963 年她进中学后，以跳“盅碗舞”出色地表演轰动了整个县城，后被推荐参加昭乌达盟举办的文艺汇演，第二年她又参加了全国少数民族文艺汇演，1965 年被选拔到内蒙古歌舞团当演员。1978 年春，北京八一电影制片厂到内蒙古挑选电影《归心似箭》女演员，斯琴高娃被选中，在剧中扮演抗战东北妇女玉贞的感人形象，受到广大观众和评论界的好评。1981 年她被调入八一电影制片厂做职业演员，她成功地塑造了电影《骆驼祥子》中的虎妞，展现了角色的复杂性格和鲜明色彩，1983 年，凭《骆驼祥子》荣获第三届中国电影金鸡奖最佳女主角奖和第六届中国电影百花奖最佳女演员奖，后主演影片《似水流年》，于 1985 年获第四届香港电影金像奖最佳女演员奖，是中国电影家协会第一届理事。

多年来，她相继在电影《电影人》、《残雪》、《许茂和她的女儿们》、《成吉思汗》、《香魂女》、《天国逆子》以及电视剧《党员二楞妈》和《雍正王朝》等 20 多部影剧中扮演主要角色，2000 年又在电视连续剧《大宅门》和《康熙王朝》中扮演主角，她出色地表演和高超的演技，倍受国内外观众好评。她又荣获柏林第四十三届和日本第七届国际电影节最佳女主角提名奖等多项国际大奖。

斯琴高娃有过三次婚姻。18 岁时曾和一位烈士子弟、刚从电影学院毕业的年轻导演结婚，并生有一男一女，但结婚 6 年后分手；她的第二个丈夫是一位达斡尔族的小伙子，和他一起调入八一厂。1981 年斯琴高娃不顾丈夫的反对接下了《骆驼祥子》中虎妞的角色，导致丈夫十分不满，甚至大闹片场，导致二人离婚。高娃现在的丈夫陈声亮先生祖籍江苏，1944 年生，在瑞士是一位非常著名的华裔音乐指挥家，瑞士日内瓦青年交响乐团的指挥，同时还担任当地音乐学院的教师。1981 年后多次回国进行艺术交流活动，两人于 1984 年的一次活动中结识，并于 1986 年 12 月结婚，之后共同在瑞士生活。

斯琴高娃至今仍然活跃在国内影视剧界，并以她瞩目的艺术成就傲立艺坛，尤其是导演及主演的老舍先生话剧名作《月牙儿》可谓震惊剧坛，从而展示了她在话剧艺术上的完美追求。

成　龙

成龙，1954年出生于香港太平山，又名陈港生、房仕龙，是中国的影坛巨星，也是国际功夫电影巨星，具有很高声望与影响。现为国家一级演员、北京大学客座教授等职务。曾与元彪、元华、洪金宝共同出演《七小福》并拜于占元为师。其妻子林凤娇为台湾艺人，育有一子房祖名。成龙以主演惊险动作电影为主，其中主演的《警察故事》获得了香港电影金像奖最佳故事片奖。

成龙早在1982年时便开始打入好莱坞市场，但他迈向国际之路并不顺遂，他首次进军国际的作品是《炮弹飞车》，可惜票房失利，令成龙要相隔多年才再闯好莱坞。而真正令成龙打入国际市场是1994年拍摄的《红番区》，在美国上映时创下高票房纪录，进而接下第一部好莱坞电影《尖峰时刻》，亦获得极高的票房，登上《时代》杂志，终而奠定今日在国际的地位。

2007 年在北美上映的《尖峰时刻 3》创下将近 1 亿 4 千万美元的票房纪录，总计《尖峰时刻》系列 3 部在北美累积票房超过 5 亿美元、全球累积 8 亿 3 千 5 百万美元。目前为止，尚没有其他亚洲演员领衔主演的电影能在国际达到同等成绩。如今成龙已经创造了无数的奇迹和神话，成龙从一个默默无名的小戏童一跃成为今日尽人皆知，家喻户晓的国际巨星，实属不易，成龙确实吃了太多的苦，受了太多的伤。成龙为华人电影立下了汗马功劳，功不可没。

成龙在日本也是家喻户晓的人物，在美国洛杉矶、旧金山和加利福尼亚州都定有“成龙日”，旧金山影展曾授予他特别杰出奖。1989 年英国授予他 MBE 爵士勋章，1990 年法国授予他荣誉骑士勋章，这些都是成龙走向国际获得的重要荣誉和嘉奖。

成龙也一直致力于慈善活动，他最信奉的是“爱拼才会赢”，所以他今天的成功是理所当然的。成龙的成功不仅是给我们带来了精彩的影视作品，重要的是让我们明白了成功的内涵，那就是——不断的努力。

巩 俐

巩俐，1965 年 12 月 31 日出生于沈阳，半岁时随父亲迁居至济南，自小能歌善舞。4 岁时，巩俐常不离口的歌曲是电影《红湖赤卫队》的插曲“红湖水，浪打浪”。

1983 年从济南二中毕业后，巩俐报考了山东师范学院和曲阜师范学院艺术系，都没有考中，但巩俐并没有气馁。1985 年，她以优异的专业成绩被中央戏剧学院表演系录取。在校期间，她被张艺谋选中，出演《红高粱》中的九儿这样一个敢爱敢恨极富个性的女人。《红高粱》在国际国内大获成功，巩俐也立即成为当时影坛一颗闪亮的新星。此后，她还主演了《代号“美洲豹”》、《古今大战秦俑情》这两部商业片。1989 年从中戏毕业后，巩俐被分配到中戏戏剧艺术研究所话剧实验室工作。巩俐先后在张艺谋导演的《菊豆》，《大红灯笼高高挂》等影片中饰演了一系列受封建社会压抑又极具反抗意识的中国女性。

1992 年，她在《秋菊打官司》中饰演了一个孕妇，这是她表演艺术的一个新台阶，她在影片中的表演自然流畅，富有个性，获得评论家和广大电影观众的好评。此后，她还在陈凯歌的《霸王别姬》中饰演了悲剧人物菊仙，也引起极大反响，并在黄蜀芹的《画魂》中饰演 30 年代旅法女画家潘玉良。

在大陆第五代导演的电影作品里，巩俐无疑扮演着最重要的角色，无论戏里、戏外，她的演出一样吃重。戏里的她有很多名字，像是菊豆、颂莲、秋菊、菊仙，常和花扯上关系，都是些通俗的女性名字，而这些角色也有个共同的特点——倔强、刚毅、不认输，因此想到巩俐，就会想到电影里北方大妞的顽固神情、带着一点理直气壮的骄傲和强悍。

巩俐是第一个在威尼斯电影节上获奖的中国女演员，中国女星的国际代言人。巩俐是第一个代言法国化妆品品牌欧莱雅的中国女星，被《人物》收录为世界上最美丽的 50 个人之一。巩俐被奥斯卡委员会接纳为会员，创造了中国影人闯荡世界影坛的奇迹，为中国电影人争了光。柏林国际电影节主席德哈登发邀请函时称其是本届评委会主席的最佳人选。

“全球最美的东方女人”——巩俐，是在世界影坛成就、地位和影响力最高的中国女演员。

章子怡

章子怡，1979 年 2 月 9 日出生于北京普通工人家庭，毕业于中央戏剧学院，与赵薇、周迅、徐静蕾并称四小花旦，当今最备受关注的艺人之一。

8 岁的章子怡走进了宣武区少年宫学习舞蹈。3 年后，11 岁的章子怡考入了北京舞蹈学院附中，开始了她 6 年的民间舞专业的学习，并且在 1994 年全国桃李杯舞蹈比赛中获得了表演奖。这次获奖不但没有使小小的章子怡沾沾自喜，却使她开始了第二次人生选择，于是她想到了戏剧，想到了电影。

1996 年章子怡考取了中央戏剧学院表演系，在中戏时，她不是班里最漂亮的，也不是专业最突出的学生，她常因为交不出好功课而被导师下“最后通牒”，但她绝对是班里最狠最拼的女生。1998 年，因电影《我的父亲母亲》而声名鹊起，银幕上的她，清纯而乡土，红色碎花小棉袄、搭配红色的围巾与绿色的头绳，塑造了一个可爱而成功的农家女孩形象。1999年，从《我的父亲母亲》中的乡土气，到《卧虎藏龙》中的武打女星，章子怡成功转型，这也赶上了世界青睐中国功夫的好时机，一炮而红，扬名国际。2000年，她在《尖峰时刻》开始初试拳脚，打入国际影坛，影片中一身黑色套装的她，帅气逼人，狠劲十足。2004年，是章子怡影坛生涯中全面开花的一年，也是具有标志性的一年，《十面埋伏》、《茉莉花开》等在影坛大放异彩。2006年，接拍冯小刚的《夜宴》，是影坛生涯的又一个成功。2008年，拍摄《梅兰芳》时，她游刃有余，从容不迫，接拍《梅兰芳》这部大戏，让她再度锦上添花，而她在剧中民国时代的造型，婉约而清新。

章子怡从不缺少运气，但运气不会连续在10年里眷顾同一个对象。拍《我的父亲母亲》时，她等了5个月才等来张艺谋的“做得好!”同样在拍摄《卧虎藏龙》时，用孤独的5个月和拼了命的练习换来李安这句认可，大导演们的这3个字总令她当场崩溃，同样这3个字成为她每天拼命的动力。

在2004年“中国最有价值的10大女星”中章子怡更高居榜首。

李连杰

李连杰，1963年出生于中国北京，中国著名动作明星、国际功夫巨星、武术家、慈善家，是中国红十字会的“博爱大使”，他还发起成立了在中国红十字总会架构下独立运作的慈善计划和专案：“李连杰壹基金计划”（壹基金），还是“国际武术联合会”、“中国武术协会”形象大使，“世界武博会”形象大使。曾居北京、香港、美国、新加坡等地。

小学时进入北京什刹海业余体校练习武术，连续5年获得全国武术全能冠军。1974年李连杰被当时刚刚与中国重新确立外交关系、时任总统的理查德·尼克松在美国白宫玫瑰园接见。

20世纪70年代末从影通过电影传扬中华武术，20世纪80年代初推出处女作《少林寺》，这是一部在武侠电影史上具有划时代意义的作品，影片一反旧式武打片中那种纯表演的花架与镜头技巧的卖弄，通过李连杰和他的一班武术队员们朴素真实的功夫让观众真正欣赏到了中国武术的真功。影片在香港及亚洲、澳洲和美洲一些国家上映后，轰动影坛，取得了巨大成功，并引发继李小龙之后第二次世界武术热潮，也造就了李连杰这位一代武术巨星。

挟着《少林寺》的余威，李连杰 1984 年及 1986 年主演的少林题材影片《少林小子》、《南北少林》都颇为成功。1988 年他与宋佳合演的《中华英雄》以及 1989 年与周星驰合演的《龙在天涯》，虽然情节紧张动作惊险激烈，但都落入灭门复仇的俗套，终以惨淡收场。这是爆发之前的沉寂与酝酿，时隔不久，李连杰在美国认识了天才导演徐克。两颗武侠巨星的碰撞，掀起了一股武侠电影的巨浪，于是便有了《黄飞鸿》、《男儿当自强》、《东方不败》等新武侠时代的经典之作。这些影片，情节曲折、场面浩大，李连杰更是把精心设计的武打动作被表现得淋漓尽致。

两年后李连杰因为某些原因与徐克不欢而散，分手后李连杰成立了自己的公司——正东电影制作有限公司。当年，由元奎导演、李连杰监制并主演的《方世玉》取得极大成功，从此，香港影坛上又产生了一对梦幻组合。他们之后合作的《中南海保镖》、《给爸爸的一封信》等也取得了不俗的成绩，李连杰的功夫更是倾倒了无数观众。1994，陈嘉上编剧并导演的

《精武英雄》成为这段时间李连杰最成功的作品，袁和平也设计了他最为经典的动作。

1996年，李连杰和永盛电影公司签约，为其演出6部电影。随后与徐克时隔多年再度合作，《黑侠》引起国际片商注意。这时香港电影业已经开始滑坡，李连杰也把目光投向了国际市场，终于在1998年受华纳公司之约扮演了《致命武器4》，走进了好莱坞。从影20余年已拍摄32部经典功夫作品。

李连杰形象俊朗气质儒雅品德优秀的功夫皇帝自然被受商家亲睐，从索尼公司以其开发的电脑游戏到中国众多品牌形象大使，无不以其魅力锻造其形象。

2004年12月26日在马尔代夫度假遇海啸地震，有惊无险。早已修行佛门的李连杰淡泊名利生死，大难之后感悟良多，以实际行动号召成立“壹基金”救助更多需要帮助的人。在世界拥有众多影迷的李连杰通过自已的努力创造了自已的成就，赢得了世人的肯定和赞扬。从一个武术界奇才到银幕功夫皇帝，从当初电影中的小和尚到现在生活中佛学智者。这就是李连杰，内敛儒雅的东方魅力男子。

查里·卓别林

查里·卓别林幼年丧父，曾在游艺场和巡回剧团卖艺或打杂。1913 年，他随卡尔诺哑剧团去美国演出，被美国导演 M.塞纳特看中，从此开始了他的电影生涯。1918 年 1 月 21 日，卓别林自己的制片厂正式落成。从 1919 年开始，卓别林开始独立制片，此后一生共拍摄 80 余部喜剧片，其中在电影史上著名的影片有《淘金记》、《城市之光》、《摩登时代》、《大独裁者》、《凡尔杜先生》、《舞台生涯》等。这些影片反映了卓别林从一个普通的人道主义者到一位伟大的批判现实主义艺术大师的转变过程。1947 年 12 月，卓别林在巴黎的报纸上发表了一篇题为《我向好莱坞宣战》的文章，向全世界控诉了他所遭遇的迫害。1952 年，他受到麦卡锡主义的迫害，被迫离开美国，定居瑞士。

在瑞士期间，他拍摄了尖锐讽刺麦卡锡主义的影片——《一个国王在纽约》。1972 年，美国隆重邀请卓别林回到好莱坞，授予他奥斯卡终身成就奖，称他“在本世纪为电影艺术做出了不可估量的贡献”。卓别林拍摄了大量的短片，他以精湛的哑剧技巧、完美的银幕形象成为闻名世界的喜剧演员——事实上他可以说是第一名世界明星。他一直是多才的，他是他电影的制片人、导演、编剧、演员，他用事实证实自已也是一位有灵感的作曲家，他为许多影片所作的曲都成为名曲。1977 年 12 月 25 日，88 岁高龄的喜剧大师卓别林与世长辞。

1914 年 2 月 28 日，头戴圆顶礼帽、手持竹手杖、足穿大皮靴、走路像鸭子的流浪汉——夏尔洛的形象首次出现在影片《阵雨之间》中。这一形象成为卓别林喜剧片的标志，并风靡欧美 20 余年。卓别林奠定了现代喜剧电影的基础，他戴着圆顶硬礼帽身着礼服的模样几乎成了喜剧电影的重要代表，其后不少艺人都以他的方式表演。早在无声电影时代，卓别林已是驰名世界的喜剧演员。他的作品贴近生活底层，对现实社会进行了无情的嘲弄，其想象力空前绝后，后世几十年的导演无人敢望其项背。

弗雷德·阿斯泰尔

弗雷德·阿斯泰尔，是奥地利一个啤酒制造商的第二个孩子。弗雷德4岁时开始跳舞，后和胞姐阿黛尔被母亲带到纽约当地的一所舞蹈学校学习舞蹈。结业后，7岁的他立志以舞蹈为职业，姐弟二人组成剧团，赴纽约、伦敦等地巡回表演舞蹈，演出轻松喜剧。他们初显身手时，弗雷德只有10岁，阿黛尔也仅12岁。后来，他们的足迹踏遍全美国。1915年两人在玛丽·碧克馥的新片里客串了一段舞蹈。1917年，他们终于进入百老汇，同年，在百老汇演出音乐剧并取得首次成功。

1932年，阿黛尔嫁给一个英国人，以后就再也不表演了。可是弗雷德却不愿放弃歌舞生涯，他要单枪匹马在好莱坞干下去。1933年弗雷德与琴裘·罗杰斯搭档，参加演出了他的第一部影片《飞往里约热内卢》，弗雷德与琴裘·罗杰斯并不是影片的主角，但是当他们跳起卡利欧克舞时，人们意识到，在电影舞蹈领域里将要产生一位巨星。

1946年，他曾宣布退休息影。不过，刚过两年，便在金·凯利的大力邀请下，不得不为刚走红的女星朱迪·加伦的新片搭伴。从此阿斯泰尔的星路一发不可收，他先后与丽塔·海华丝、莱斯利·卡农等许多有才华的女演员搭伴，拍摄了一大批音乐舞蹈片。

1959年他参加演出了著名的剧情片《在海滩上》，之后再次息影了9年。到了七八十年代，摇滚乐在美国大为风行，年轻人的兴趣转移到了狂热的迪斯科上。至此弗雷德·阿斯泰尔一身优雅的舞艺显得力不从心了，最后他彻底告别了银幕。

弗雷德·阿斯泰尔卒于1987年6月22日，时年88岁。他被称为“世界上最伟大的舞蹈家”。他的舞艺被认为是完美无缺的。影迷们将记住这位伟大的表演艺术家，他的舞蹈艺术将永远保留在他的影片中，让人们欣赏。

弗雷德拍了40余部影片，主要有：《人工智能》、《开罗紫玫瑰》、《鬼故事》、《甜姐儿》、《欢乐时光》、《礼帽》、《柳暗花明》等。鉴于弗雷德·阿斯泰尔卓越的舞蹈艺术技巧和他对歌舞片的贡献，1949年，美国电影艺术与科学学院授予他特别贡献奖;1950年，他以《三个小单词》一片获得歌舞喜剧片最佳男主角金球奖；1960年，他又获得好莱坞外国新闻记者协会授予的西席·地密尔奖。他的许多电视节目也多次获奖。

汉弗莱·博加特

有一个演员，他有这样一种本事：无论他扮演的是什么角色，他都好像在表演同一个人。从他身上你能如此强烈地体会到什么叫个人风格，以至于优秀后辈如阿尔·帕西诺和罗伯特·德尼罗等都只不过像是他的学徒。这个人永远都是穿着胶皮风衣，带着歪斜的帽子，腰间别着一支鲁格，迎着冷风和细雨在昏暗街灯照射下的城市中踽踽独行，他就是汉弗莱·博加特。

汉弗莱·博加特，1899 年 12 月 25 日出生于纽约，父亲是曼哈顿著名的外科医生。第一次世界大战中，他在海军服役，复员后到剧场做勤杂工。1920 年汉弗莱·博加特开始登台表演，1922 年他在百老汇首次演出。汉弗莱·博加特在 1930 年为好莱坞拍了他的第一部故事片——《恶魔与女性》，其后又为福克斯、环球、哥伦比亚等影片公司拍了几部影片，但都不甚得志，遂返回舞台。1936年他重返影坛，在《名士殉情记》一片中崭露头角。从1936年至1940年，汉弗莱·博加特又在28部影片中参加演出，大部分是扮演匪盗、流氓的角色，他被誉为继詹姆斯·贾克奈和爱德华·G·罗宾逊之后第三位出色的银幕强盗，汉弗莱·博加特扮演的孤独、低沉、愤世嫉俗的银幕形象，代表了第一次世界大战后美国迷惘的一代。但在他死后，他的银幕形象却又被60年代的青年当成偶像，以影片回顾展等形式大加崇拜，一时形成“博加热”。

美国电影评论界有人认为，他是以有说服力的反英雄形象记载于电影史册的。汉弗莱·博加特一生共演出过80多部影片，1943年他主演了《卡萨布兰卡》，在《卡萨布兰卡》中博加特从头到尾只有一个表情，却成为影史上最经典的角色之一。第二次世界大战后，他最成功的影片是《宝石岭》(1948)、《非洲皇后》(1951)、《凯因号叛乱》(1954)等影片。1956年博加特完成了他的最后一部影片《拳击场黑幕》后，因食道癌去世。博加特在影片里塑造了一个又一个典型的现代式美国硬汉：他坚强，正直，沉默寡言，不苟言笑，一说话则必定时时嘲讽，火星四溅。他既可以全身心地投入到角色中去，让你认为他就是他所扮演的角色本身；同时他又能站在一个更高的角度审视自己的表演，为它注入一份冷静从容、不动声色的客观品质。博加特的魅力不在于他的强悍，而在于他的忧郁。人们时常感到不解：一张世上最坚毅的脸庞，何以还能拥有一双世上最忧郁的眼睛；为了自己的生存而不择手段地奋斗，无论是怎样的辉煌和成功，始终摆脱不了的是一份寂寞。

乔·海厄姆为他写过传记《博加特》，并以这本书为片名，拍摄了汉弗莱·博加特的传记片。多年来他一直是好莱坞 10 大卖座明星之一。

克拉克·盖博

克拉克·盖博，1901 年 2 月 1 日生于美国俄亥俄州加地斯地区，原名比利·盖博。他出生后才 10 个月，母亲就去世了。父亲先后将他托付给祖父母、外祖父母等亲戚家抚养，直到两岁后父亲再婚时，才接回了他。在 11 岁那年，克拉克·盖博因家境的变迁，不得不中途辍学。

1918 年，盖博离开家到附近的城市去闯荡，他观看了著名的话剧《青鸟》，并从此爱上了表演。1923 年，他在明星剧团临时客串主角。不久，他结识了长他 17 岁的百老汇演员约瑟芬·狄伦，他们俩来到好莱坞，并于该年结为夫妻。克拉克·盖博拍摄的第一部影片是 1931 年的《彩色的沙漠》，他从扮演一个牛仔开始了自己的电影生涯，后来，盖博先后与当时的几位大明星——琼·克劳馥、嘉宝等合作，在一年内拍摄了 12 部影片，如《自由花》、《残花复艳》、《红尘》等，他终于用勤奋和才华在好莱坞站稳了脚跟。1932 年，他被评为好莱坞十大最卖座的电影演员之一。1933 年，一部名叫《一夜风流》的影片让盖博红遍大街小巷，他所扮演的彼得成为影迷们崇拜的偶像，人们争相摹仿这个失业记者的打扮，宽外套、V 字领衫、宽边帽因此风靡一时。1935 年，他在耗资 200 万美元拍摄的《叛舰喋血记》中扮演指挥士兵哗变的英国海军军官，该片当年获得了奥斯卡最佳影片奖，他本人也获得最佳男主角提名。1939 年，他在《乱世佳人》中与费雯·丽合作，饰演迷人的白瑞德，这一角色的创造标志着盖博艺术事业的巅峰，影片公映时，许多影迷都高喊："我爱盖博！我要盖博！"

第二次世界大战爆发后，他的妻子卡洛尔·隆巴德（他一生中最爱的女子）在推销战争公债时因飞机失事而遇难，她在临上飞机前，曾给盖博拍了一份电报说："亲爱的，你最好去参军。"1942 年，41 岁的他参加了美国空军，他多次完成战斗任务，很快从二等兵晋升为少校。二战期间，他曾参加了轰炸柏林的战斗任务，希特勒对他的演技十分佩服，曾派出三个飞行中队，想活捉他，但都无功而返。战争结束后盖博回到好莱坞，此后主演了一些影片，但他一直未能从亡妻的痛苦中解脱出来。1960 年，他主演了《不合时宜的人》，影片的女主角是一直崇拜他的好莱坞性感明星梦露。影片刚刚完成，59 岁的他就在妻子凯伊的怀里离开了人世，时间是 1960 年 11 月 16

日晚 2 点 15 分。

1933 年，盖博因《一夜风流》的成功，首次获得了奥斯卡最佳男主角。这也是奥斯卡第一次将这一奖项授予喜剧片演员。1937 年，盖博以绝对的优势在当年举行的电影皇帝和皇后的评选活动中当选为好莱坞的电影皇帝。

贾莱·古柏

在蒙塔纳出生的贾莱·古柏，在 1925 年前曾是个行商，当时朋友们告诉他好莱坞正在物色会骑马的人。于是他前去碰运气，却从此走上了演员的道路。

初出茅庐的西部影星贾莱·古柏是个放荡者。他与名媛维诺丽·芭佛结婚，维诺丽曾经短暂地当过演员，她最出名的角色是在电影《金刚》中，演出被大金刚抓住的女人。古柏应妻子要求，信仰天主教。他们育有一个女儿。但是古柏经常与其合作女星，包括玛琳·黛德丽、葛莉丝·凯莉、派翠西亚·尼尔等，闹出过许多绯闻。古柏夫妇曾因此分居过几年，但最终还是重归与好。

贾莱·古柏堪称一位英雄明星，他从影 30 余年，共拍了上百部影片，部部都演英雄，晚年虽患癌症，却仍坚持拍片，如英雄般地死去。他是有史以来获奥斯卡奖最多的一位男演员。他主演的《约克军曹》和《正午》是两部最受欢迎的影片，他塑造的约克军曹的形象成为美国军人的楷模。1960年，古柏拍完《天网记》后，癌症加重。1961年，在奥斯卡颁奖仪式上，古柏被授予特别荣誉奖，但他已卧床不起，一个月后去世。法国戛纳国际电影节立即增设“贾莱·古柏”奖，以示对他的深切悼念。贾莱·古柏在好莱坞星光大道有属于他的星，位于奥克拉荷马州奥克拉荷马市的“国立牛仔与西部史迹博物馆”，他被列入西部演员的展览厅。

贾莱·古柏曾经获得两次奥斯卡最佳男主角奖、一次金球奖最佳男主角、以及奥斯卡终身成就奖。1999年，他被美国电影学会选为百年来最伟大的男演员第11名。2003年，在美国电影学会公布的百年百大银幕英雄与反派名单中，古柏是唯一一位出现最多的演员。贾莱·古柏的主要作品有：《约克军曹》(1941)——获第十四届奥斯卡金像奖最佳男主角；《正午》(1952)——获第二十五届奥斯卡金像奖最佳男主角；《第兹先生上京城》(1936)——获第九届奥斯卡金像奖最佳男主角提名；《美国人的骄傲》(1942)——获第十五届奥斯卡金像奖最佳男主角提名；《战地钟声》(1943)——获第十六届奥斯卡金像奖最佳男主角提名；《摩洛哥》(1930)；《艾丽丝历险记》(1933)；《天网记》(1960)。

加里·格兰特

加里·格兰特原名叫阿奇博尔德·里奇，生于英国，14 岁时辍学，加入鲍勃·潘德的喜剧剧团。1920 年 7 月他成为剧团选中前往美国的 8 个小演员之一，格兰特很快适应了美国的生活，并决定留在美国发展。

1932 年他和派拉蒙签订了一份长期合约。1933 年，格兰特被女明星麦·威斯特相中，受邀和她一起主演影片《侬本多情》，加里·格兰特凭借此片得以扬名好莱坞。在 1937 年的影片《逍遥鬼侣》中殷勤世故、放荡不羁的主角形象让他跻身好莱坞的超级巨星之列。40 年代是格兰特演艺生涯的高峰，他得以和很多的大导演合作，加里·格兰特主演了希区柯克导演的一系列电影，在与希区柯克合作的四部影片中，《美人计》(1946) 是其代表作。他同英格丽·褒曼珠联璧合、光彩照人的表演使这部影片成为希区柯克导演生涯中的一部杰作。后来，格兰特在总结自己的演技时，曾不无自得地说："在拍片时，我只觉得在演我自己。当然把生活中的自己搬上去是不可能的，我是在银幕上表演了生活中的某种类型，而在生活中，我也不免尝试这种人的性格，那么，演起来就能做到驾轻就熟了。"期间，他还出演了《寂寞芳心》（格兰特本人最喜欢的一部片子）、《毒药与老妇》、《每个女孩都该嫁》等。五六十年代的格兰特身上几乎仍然看不出岁月的痕迹，这期间他和希区柯克合作的《捉贼记》和《西北偏北》都成为电影史上的经典。格兰特1955年拍摄影片《捉贼记》时获得导演希区柯克的批准，他与格蕾斯·凯莉可以在台词上即兴发挥，使得他优美又充满喜剧色彩的语言天赋得到充分的发挥，电影获得极大成功。

格兰特是个追求唯美的演员。1957年和1958年，他与著名女影星索非亚·罗兰合作拍摄了两部影片，得到了人们的好评。考虑到与奥黛丽·赫本年龄相差太大，格兰特曾分别拒绝了在1953和1954年的影片《罗马假日》和《龙凤配》中与她的合作机会，但两人最终在1963年的影片《谜中谜》中演出了对手戏。该片并未因两人年龄相差悬殊而受任何影响，相反，成功赢得了各个年龄段的观众，也为格兰特带来了更大的声誉。

1966年，在拍完影片《走，勿跑》之后，格兰特宣布息影。1986 年 11 月 28 日，在爱荷华德文港阿德勒剧院他的单人秀《与加里·格兰特的一夜》上演之前，格兰特突发中风，几个小时后在圣卢克医院溘然辞世。遵循他的遗愿，骨灰被撒在太平洋中。

两次与奥斯卡擦肩而过的经历让格兰特十分受伤，尤其是当他自以为表演最棒的 1944 年影片《寂寞芳心》失利之后。但鉴于他拍摄的 30 余部优秀影片和为世界影坛创作的众多不朽的银幕形象，1970 年他获得荣誉奥斯卡奖，作为对他电影人生的褒奖。1995 年他在英国电影杂志《帝国》“电影史上 100 位最性感明星”榜上位列第 22 名。1997 年他入选《帝国》“电影史上百位顶级明星榜”，排名第 7。

琼·克劳馥

琼·克劳馥原名露西尔·费伊·勒·萨埃尔，出生前父母就离异了。16 岁时她已经认识了 3 个父亲，并从其中的一位得到了另一个名字比利·卡森。1915 年他们全家住在堪萨斯市，克劳馥不得不为支付自己的学费在洗衣店打工、并做仆人。1923 年，自幼爱好舞蹈的她赢得了一项业余舞蹈比赛的冠军，并借此机会加入了合唱团，开始以舞蹈为业。1925 年她前往好莱坞试运气，被米高梅公司看中，并签下合约。她的第一部影片是《漂亮女士》，她在里面扮演一个跳舞的小角色，在又拍了不少同类型的影片后，公司觉得她很有发展潜力。为了给她起一个合适的名字，米高梅在杂志上刊登她的大幅照片，在全国范围内征集她的名字，最终定下了琼·克劳馥这个名字。她的好运也随之到来，1928 年她主演的《我们跳舞的小女儿》大受好评，从此跻身明星行列。

随着有声电影的兴起，在一群默片明星们被淘汰掉的同时，克劳馥却因为自己美妙的声音而更加闪亮，她的第一部有声片《野性难驯》即票房大卖，而1932年那部汇集了米高梅当时全部巨星的《大饭店》，更让克劳馥从此成为一线明星。接下来她又出演了《命限今朝》（1933）、《火之女》（1939）等片，成为了票房的保证。但进入40年代之后，克劳馥意识到再待在米高梅只会不断地重复自己，于是在合约结束后她来到了华纳影视，事实证明她的这一决定是正确的，1945年她在《欲海情魔》中成功地诠释了一个家庭主妇变成一个商场女强人的心路历程，并以出色的表演获得了奥斯卡最佳女主角奖。

1946年她拍摄了广受赞誉的《银海香魂》，1947又以《情天惊魂》再获奥斯卡最佳女主角提名。1952年的《惊惧骤起》又使她获得了第三次奥斯卡提名。克劳馥共经历4次婚姻，最后一位丈夫是百事可乐公司的总裁A.斯蒂勒。1959年他去世后，克劳馥继承夫业成为公司女董事，从此把精力主要转向了商业，可以说为五六十年代百事可乐的推广立下了汗马功劳。她最后一次出现在银幕上是1970年的电影《特拉格》，1977年5月10日她因癌症在纽约去世，享年72岁。

葛丽泰·嘉宝

1905年9月18日，葛丽泰·洛维萨·格斯塔夫森，也就是后来的嘉宝，出生于瑞典斯德哥尔摩市一个贫困的工人家庭。幼年时候的嘉宝充满幻想，酷爱戏剧。14岁时，父亲去世，她先进入一家理发店当学徒，后来在一家百货公司做售货员。在试销女帽的季节，嘉宝得到了一次当模特儿的机会。接着，公司投拍一部电影，她在影片中扮演了一个小角色——嘉宝的银幕生涯从此开始了。

一次偶然的机会，嘉宝在大街上被当时瑞典一位著名喜剧片导演看中，开始在影片《流浪汉彼得》中扮演角色。1923年初，她又在另一名导演斯蒂勒的影片《古斯塔·柏林传奇》中担任女主角。就在这个时候，她将原来的名字改为了“嘉宝”。影片上映后，在瑞典、德国都受到了欢迎。一开始，嘉宝一直被当做一个荡妇的化身出现在银幕上。在拍摄《肉体与魔鬼》时，嘉宝与当时好莱坞鼎鼎有名的男演员吉尔伯特相爱，她的表演才华也得到了淋漓尽致的发挥，观众和评论家对这部影片都赞不绝口。后来公司又安排嘉宝扮演一个邪恶的妖妇，嘉宝拒绝了，并回到瑞典。最后，梅耶只好以加薪和同意不再让嘉宝扮演坏女人为条件请回了她。嘉宝在好莱坞演出第1部影片是《激流》，她扮演一个最终变成了歌唱家的农村姑娘。尽管当时嘉宝不懂英文，却仍然将人物刻画得惟妙惟肖。影片初映，就打破了票房记录，嘉宝给美国电影带来了一股异国情调。

嘉宝拍摄了一系列优秀影片，如《安娜·卡列尼娜》、《安娜·克里斯蒂》、《大饭店》、《瑞典女王》、《茶花女》等，从无声片到有声片、从悲剧到喜剧片，都获得了成功。《瑞典女王》是嘉宝电影生涯的高峰，嘉宝将人物的尊严、魅力和洒脱都传达得出神入化，嘉宝本人也最喜欢自己所饰演的这一角色。嘉宝用自己的全部心血将一个垂死的名妓创造得血肉丰满，就此奠定了她一代影后的地位。

《双面女人》（1941）是她拍的最后一部电影，在影片中，嘉宝同时饰演姐妹俩，因影片用两姐妹来考验一个男人的故事引起了舆论的尖锐批评，嘉宝受到了打击，此后再也没有接受片约。这时，她才36岁。此后，虽然嘉宝还曾经表示想扮演居里夫人、乔治桑等形象，但终于没有重返影坛。1949

年，她做出了一个不可推翻的结论：永不再拍电影！二战以后，嘉宝离开好莱坞，在纽约市区买了一套有 7 间房的公寓，独自一人生活。1990 年 4 月 16 日，嘉宝因肾病死于纽约。

1954 年，美国电影艺术与科学学院在奥斯卡颁奖仪式上授予嘉宝特别荣誉奖，称赞她的银幕演技令人难以忘怀。

约翰·韦恩

约翰·韦恩的父亲是一名药剂师。因为父亲肺病的关系，韦恩童年时全家从爱荷华州迁到了气候相对温暖的加州南部，他的父母曾尝试在莫哈韦沙漠中经营农场，但最终以失败收手。之后全家又迁到加州的格伦戴尔，在那里韦恩曾帮助父亲送药、卖报，以贴补一家人的生活。那时候，他养了一条名叫“公爵”的硬毛狗，后来“公爵”成了韦恩的绰号。学校里的韦恩，不仅学习成绩好，橄榄球也打得棒。后来以几分之差落选安纳波利斯某大学后，韦恩靠橄榄球获得的奖学金到USC读书。假期打工期间，韦恩意外结识了好莱坞导演约翰·福特，不久就开始扮演一些小的角色，并改名叫约翰·韦恩。

从1928年开始约翰·韦恩在福特的电影中担任角色，他主演的第一部电影是1930年的《没有女人的男人》。1939年由韦恩主演的《驿站马车》让他大放异彩，并就此确定了自己的戏路，同时,他也得以跻身明星的行列。在1948年的影片《红河》中约翰·韦恩展现了成熟的演技，从此他成为了超级巨星。1969年约翰·韦恩凭借在《大地惊雷》中的老辣表演获得了奥斯卡奖。他一生共拍戏近250部。代表作有：《野风》、《菲律宾浴血记》、《荒漠义侠》、《要塞风云》、《黄巾骑兵队》、《边疆铁骑军》、《蓬门今始为君开》、《情天未了缘》、《碧血溅长空》、《珊岛乐园》。

进入老年之后，韦恩长期被健康问题所困扰。1964年9月，韦恩因为长了癌瘤左肺被切除；1978年3月，他做过一次心脏瓣膜复原手术；1979年1月，他的胃被切除。1979年6月11日他因病去世。这位曾经成功地扮演了无数西部片中的角色的明星，以其体魄强壮、性情沉默而给人们留下了长期的记忆。他去世之后，备享哀荣。美国上至总统下至影迷都对他推崇备至，国会还授予他自由勋章。为了表示对他的哀悼，洛杉矶建筑物上的国旗降半旗。韦恩在200多部电影中扮演了无数令人难忘的西部英雄。他在银幕上所表现的朴质敦厚与刚毅不屈也成为美国精神的代表。1999年，美国电影学会评选20世纪百年百大明星，约翰·韦恩名列男演员第13位。根据哈里斯民意调查2007年1月16日公布的结果，韦恩在2006年最受欢迎的美国电影明星中，排名第3位。该项调查源于1994年，韦恩是已经逝世的明星中唯一的一位每年都列入前10名的人。

贝蒂·戴维斯

贝蒂·戴维斯，1908 年 4 月 5 日出生于美国的马萨诸塞州。她的父亲是一位律师，母亲是个有抱负、有魄力的女人。早在上中学时，贝蒂就酷爱戏剧，幻想将来能当一名出色的演员。当她从库兴戏剧学校毕业，初步显露出她的表演才华时，母亲立即把她送进琼·玛丽·安达逊戏剧学院深造。毕业后，贝蒂参加了一个巡回剧团，在这个时期她曾演出了易卜生的舞台剧。20 年代末，贝蒂终于实现了自己多年的夙愿——踏进百老汇的戏剧舞台。然而贝蒂的目标绝不会永久停留在百老汇的戏剧舞台上，于是她在演完舞台剧《团结的南方》后，毅然向好莱坞城走去，以施展自己的表演才华。

贝蒂初到好莱坞时，并不顺利。那时，有人嘲笑她，讥讽她，但是继承了母亲坚强性格的贝蒂没有屈服、没有灰心，而是加倍努力地提高演技。功夫不负苦心人，1931年，她在《坏姐妹》一片的卓越演技轰动美国影坛，成为好莱坞极受欢迎的新星。成功的开始，使贝蒂的艺术才华展示一发而不可收拾，在此后短短的3年里，她连续拍摄了20余部影片。贝蒂以她绝色的美貌与惊人的演技引起制片商的青睐，他们在短期内纷纷与贝蒂签订拍片合同，使贝蒂常常同时往来于几个电影公司拍摄电影。

在好莱坞，当一名女演员常常要靠自己的美貌和色相吸引观众。但是，天生丽质的贝蒂从她22岁踏入电影界之日起，就决心要凭借自己的艺术才华和超群的演技轰动影坛。在默片时期，坏女人的角色都有固定形态，但她演得更具深度，电影进入有声期后，她更是把扮演变态怪恶的女人，发挥为一门不可思议的表演艺术。著名导演约翰·克伦威尔拍摄影片《人性枷锁》时，许多女演员对《人性的枷锁》中低俗的反面角色不屑演出，戴维斯却将这个特殊角色表演到叫人震惊的地步。贝蒂·戴维斯也正是由于成功地扮演了热情、豪放的女主人而备受影评界的赞扬，并被破例提名为1934年奥斯卡奖非原定的候选人。

30年代，贝蒂因成功地主演了《女人、女人》而使她荣获了第8届奥斯卡最佳女演员奖。1938年，贝蒂以她炉火纯青的演技在她主演的《红衫泪痕》中再次荣获奥斯卡最佳女演员的桂冠。在这以后的一二十年中，视艺术如生命的贝蒂先后主演了《三姝泪》、《孽债》、《再生缘》、《长相思》、《锦绣河山》、《江山美人》、《卿何薄命》等多部脍炙人口、载誉影坛的名片。其中的《卿何薄命》备受重视、不断重演，这是因为当年与这位好莱坞女星合作演出扮演男主角的是美国总统里根的缘故。

有媒体这样评价说：贝蒂·戴维斯善于忍人所不能忍，演人所不能演，从青春少女到老态龙钟，她永远懂得适当拿捏"坏"的脾气，以自信、不屑与豪气交织的情感，迸出一个个性格鲜明，却又可怜可悯的角色。

贝蒂·戴维斯从影 50 年来，先后拍摄了 90 部电影，拥有大量观众。在半个世纪的艺术生涯中，具有坚强意志的贝蒂靠自己对电影艺术的执着的爱，靠自己的精湛演技而长期享誉于国际影坛。在她年逾古稀时，却依然衣饰整洁，精力充沛地活跃在电影界，实现她一生都在实现的格言：工作，工作，不停地工作。

詹姆斯·斯图尔特

詹姆斯·斯图尔特，1908年5月20日出生于美国宾西法尼亚州印第安纳市。年轻时的斯图尔特曾梦想成为一名建筑师，因此在普林斯顿求学。1932年大学毕业后，詹姆斯·斯图尔特加入马萨诸塞州的法尔默思市的大学剧团作职业演出。在那里，他结识了两位生命中至关重要的人物：艺术伙伴兼挚友亨利·方达、以及总是与他纠缠不清的欢喜冤家玛格丽·苏丽雯。一年后，詹姆斯·斯图尔特开始在纽约百老汇谋求发展，不久便小有名气。1935年，他又来到好莱坞闯荡。

1939年，詹姆斯·斯图尔特因主演《史密斯先生到华盛顿》而一举成名，并首次获得奥斯卡金像奖最佳男主角提名。次年，他与当红女星凯瑟琳·赫本合演了根据百老汇名剧改编的《费城故事》，终于让他戴上了奥斯卡影帝的桂冠。他在银幕上的形象很有个人特色，他最爱说一个表示歉意的词“哦”，显得十分彬彬有礼。这使他先后得到了在《浮生若梦》和《迷离世界》的一些正面角色，要么是有些害羞的青年，要么是好青年，或是非常善良的年轻人。

詹姆斯·斯图尔特先后与希区柯克合作了《夺魂索》(1948)、《后窗》(1954)、《擒凶记》(1956)、《迷魂记》(1958)四部影片。在与这位电影大师的合作中，詹姆斯·斯图尔特无论在电影理念还是表演技巧上，都达到了一个新的高度。并且，希区柯克强烈的电影感染力对詹姆斯·斯图尔特个人风格的形成与完善，也同样功不可没。早期的詹姆斯·斯图尔特是以其清秀俊朗的迷人外形吸引了众多影迷，希区柯克首次启用他来扮演《夺魂索》中一名睿智的中年哲学教授不能不说是一个大胆的尝试。由于《夺魂索》从头到尾只用了一个镜头拍摄完成，因此演员的表演必须一气呵成，不能有丝毫的差错。詹姆斯·斯图尔特的表演始终保有一种连贯的情绪，在片尾高潮处，他将教授揭穿学生杀人阴谋时的得意与悲愤，以及发现自己向学生灌输的“超人”理论所造成的恶果而痛心疾首、后悔不已的复杂心情处理得丝丝入扣、滴水不漏。由此也确立了他日后在矛盾中苦苦挣扎的中年男子的表演风格走向。詹姆斯·斯图尔特在与希区柯克合作的第二部影片《后窗》中将他的演技发挥到了极致。他扮演的腿上裹着石膏在家养病的摄影记者，由于身体无法移动，所有的表演只能依靠面部表情与上半身来完成。面对这样高难度的挑战，他在有限的表演空间里赋予了这个角色最完满的诠释。希区柯克于22年后再次翻拍自己1934年的早期名作《擒凶记》，在影评界颇有争议、毁誉参半。但一致公认的是，詹姆斯·斯图尔特在片中出演的父亲一角明显超越他的前任，人物显得更为丰满、有血有肉。与另一部影片《迷魂记》一样，这不仅是希区柯克的经典作品，同时也让所有影迷永远地记住了詹姆斯·斯图尔特这位伟大的演员。到了70年代，年过花甲的詹姆斯·斯图尔特逐渐淡出影坛，他与老牌女星蓓蒂·戴维丝合演电视电影《正确之路》后正式息影。1997年7月2日，89岁高龄的斯图尔特在洛杉矶去世。

詹姆斯·斯图尔特一生拍摄了40余部影片，大都非常成功。除了电影以外，他还活跃在广播和电视舞台。1984年，美国电影研究学院特别给詹姆斯·斯图尔特颁发了奥斯卡终身成就奖。一年后，美国总统里根授予他自由勋章。1990年，他再次获得林肯中心电影学会的终身成就奖。作为美国人最受爱戴的明星之一，詹姆斯·斯图尔特与其说是一个演员，不如说是美国电影文化的一个象征。

凯瑟琳·赫本

凯瑟琳·赫本，1907年出生于美国康涅狄格州，考入布瑞迈沃学院之后，开始立志做一名演员，在大学期间她演了不少戏。毕业后，她开始在百老汇和其他地方得到一些小角色，她总能把角色演得很吸引人。后来她以舞台剧《勇士丈夫》正式步入美国演艺界，接下来她开始出演电影。

在影片《离婚证书》中，由于在片中的出色表演，她拿到了自己标出的片酬并且与RKO公司签约。1932年至1934年，她主演了5部电影。其中第3部影片《清晨的荣誉》荣获了奥斯卡金像奖。第4部影片《小妇人》获得了当年最佳影片奖。1934年赫本返回百老汇，出演了舞台剧《湖》，那些鼓励她这一行动的批评家和观众们，第一批买了票，在看完之后又是第一批对这场戏和赫本进行攻击。在这种情况下，赫本只得返回了好莱坞。在1935年到1938年期间，赫本只成功地主演了两部电影。赫本于是又回到百老汇出演了舞台戏《费城故事》，可这一举动又宣告了破产。这时的赫本采取了切实、有效的解救措施，她买下了她主演的舞台剧的电影制作权。这一举动果然奏效了，1940年根据赫本的同名舞台戏改编而制作的影片《费城故事》取得了票房上的成功，赫本同时也第3次获得了奥斯卡提名。在接下来的影片《而立之年的女人》中，她开始与男影星斯宾塞·屈赛联手上戏，后来他俩合作了8部以上的影片，同时在戏外他俩也开始了长达25年的罗曼蒂克史。

1951年，已步入中年的赫本以影片《非洲女王》第5次获得了奥斯卡提名。进入50年代，赫本塑造的角色多是具有显赫地位或特殊身份，并以此多次赢得了奥斯卡提名。20世纪60年代，赫本出演的影片不多，因为她把大部分精力投入到了与屈赛的恋情之中。但是，赫本并没有放弃在演艺事业上的追求，她以影片《长夜旅行》为自己赢得了第9个奥斯卡提名。这之后赫本离开了影坛5年的时间，复出后她的第一部影片就是《猜猜谁来赴晚宴》，这也是赫本与屈赛合作的最后一部影片，屈赛在完成这部影片之后就去世了。《猜猜谁来赴晚宴》使赫本第10次获得了奥斯卡提名，并且第2次获得了奥斯卡金像奖。第二年赫本出演了影片《冬狮》，这使她第3次获得了奥斯卡金像奖和第11次获得提名。到了70年代，赫本开始把主要精力投入到了电视电影方面，但她还继续出演了几部影片，包括《公鸡考格本》和《金色池塘》。《金色池塘》使赫本最后一次（第 12 次）获得了奥斯卡提名，同时也第 4 次获得了奥斯卡金像奖。

2003 年美国当地时间 6 月 29 日下午 2 时 50 分，曾 4 度勇夺奥斯卡影后的好莱坞资深女星凯瑟琳·赫本在自己家中去世。美国警方并未透露凯瑟琳·赫本的死亡原因，仅表示她可能是由于年纪大了而自然死亡。去世时，她的家人都陪伴在她身边。为了纪念赫本并向她表示崇高的敬仰，在赫本去世后，美国当地时间 7 月 1 日晚 8 时，百老汇大街上不亮灯。

她是 20 世纪美国电影最有力的见证人之一。自 1932 年从影至 20 世纪 80 年代，这位才华卓越的女演员纵横影坛达半个世纪之久，她出演过 40 余部影片，12 次获奥斯卡奖提名，并四度摘取“最佳女演员”的桂冠。这超越了好莱坞所有男女演员的殊荣，使她被誉为“高贵、不朽的电影女神”、“凯瑟琳陛下”。

吉恩·凯利

吉恩·凯利生于宾夕法尼亚州的匹兹堡，毕业于匹兹堡大学经济学系。从小他就酷爱跳舞，曾经做过舞蹈教员、加油站服务员和沟渠挖掘工。1938年吉恩·凯利进入百老汇。曾为比利·罗斯的钻石马蹄歌舞团编排舞蹈，并曾在歌舞剧《伙伴乔伊》中串演角色，因此得到观众的赞扬。1942年，他转入电影界，曾与朱迪·加兰搭档在《艺人丽影》中演出。吉恩·凯利开朗随和的性格、甜美自然的声调使其成为20世纪40年代米高梅公司歌舞片和正剧片的明星。

1945年，他主演的《翠凤艳曲》使其获得奥斯卡影帝提名。1949年他主演的《锦城春色》又大获成功，从此他成为好莱坞首席舞蹈大师。1952年，他自导自演的《雨中曲》获得极大成功。他在雨中的那段经典歌舞表演，无疑是歌舞片历史上最迷人的一笔。那种满溢出屏幕的欢快，让看着此片的人，都渴望去舞动，去歌唱，去幸福的生活在这个美丽的世界中。吉恩·凯利作为舞者的同时，也是很好的导演，他非常了解如何运用镜头来更进一步的让观众感受到舞蹈的力量。他的舞蹈表演，将舞蹈艺术与镜头的运用，影片剪接等电影艺术手段完美的结合起来，将好莱坞歌舞片的表现力推上了一个新高度。1956 年，他独自导演的第一部音乐歌舞片《舞会请帖》曾获柏林国际电影节大奖。1962 年他执导了《冷暖心声冷暖情》，影片描写的是好心肠的哑巴收留饥寒交迫的私娼母女的遭遇，其情节悲欢交错，十分感人，该片是他导演生涯中最佳代表之一。米高梅的歌舞片黄金时代没落后，他开始转入自导自演的非歌舞片。

作为歌舞片辉煌时期好莱坞歌舞片的顶梁柱之一，吉恩·凯利和另一位舞王弗雷德·阿斯泰尔被称为歌舞片的大脑和心脏。但更有力道、更爵士、更帅气的吉恩·凯利除了舞技佳外，他更懂得散发个人魅力，而且拥有自然不造作的幽默感，吉恩·凯利是浑然天成的明星。

费雯·丽

费雯·丽在印度度过了她的幼年。6 岁时母亲把她送回了英国，她成为了当时学校里年纪最小的学生。费雯·丽从小就立志要作一名女演员。后来她在伦敦西区的一所戏剧学校里学习。毕业后她遇见了赫伯·特雷并且嫁给了他，但最终离婚。

1935 年，她在影片《村庄地主》中扮演了罗斯·温娜·伯丽斯。同年她又主演了 3 部影片：《情况好转》、《仰面大笑》和《君子协定》。1938 年，当她去美国看望她的丈夫劳伦斯·奥利弗时，幸运地遇见了塞尔兹·尼克兄弟，兄弟俩正好在为影片《飘》布置拍摄现场，而片中郝思嘉的角色还没有确定演员，她被邀请去试镜，被通知她获得了自己梦想的角色。影片《飘》后来成为了电影史上最值得纪念的一部电影，费雯·丽获得了当年奥斯卡影后。1940 年，她主演了两部影片：《魂断蓝桥》和《21 天》。1951 年她主演了影片《欲望号街车》，再次获得当年的奥斯卡影后。这之后直到 1955 年她才主演了影片《深蓝色的海洋》，1961 年她主演了影片《罗马之春》。她最后一次出现在银幕上是在影片《愚人船》中扮演一个失落的贵妇。1967 年 7 月 7 日她因突发肺结核去世，享年 54 岁。

费雯·丽因成功地表演曾两度获得奥斯卡最佳女主角奖。1999 年，她被美国电影学会选为百年来最伟大的女演员第 16 名。费雯·丽是一位多产的演员，她与丈夫劳伦斯·奥利弗（又译奥利维尔）在银幕上有多次合作，奥利弗导演了多部由她主演的电影。在她 30 年的表演生涯中，她饰演的角色多变，从诺埃尔·科沃德和萧伯纳喜剧的女主角到经典的莎士比亚剧作中的角色，无一不透露着灵气。这位影坛丽人为我们展示了不同的爱情悲剧女人的人生，用“精典”这个词来形容费雯·丽一点也不为过。

英格丽·褒曼

英格丽·褒曼14岁时就在日记中记录下了她的梦想：有朝一日能站在家乡的舞台上，观众们朝自己热烈地鼓掌。1933年高中毕业后，她考入瑞典皇家戏剧学院学习，在校期间便开始了她的表演生涯。

1936年她主演古斯塔夫·莫兰多执导的《间奏曲》，引起好莱坞著名制片人大卫·赛尔兹·尼克的注意。1939年应他的邀请，英格丽·褒曼前往好莱坞拍摄同名电影的美国版，在好莱坞引起轰动。于是塞尔兹·尼克和她签订了7年的合同。次年英格丽·褒曼登上百老汇舞台，拍摄了众多脍炙人口的影片，包括《卡萨布兰卡》、《美人计》、《煤气灯下》、《圣女贞德》等。这些影片如今已成为电影史上的经典之作。60年代以后，她仍然活跃在银幕和舞台上，并享有极高的声誉。《轻举妄动》、《六福客栈》、《东方快车谋杀案》是她后期的代表作。晚年的她以顽强的毅力和精湛的演技完成了《秋天奏鸣曲》和《一个叫戈尔达的女人》的拍摄，并得到了影评界和观众的一致褒扬。

她发现自己患有癌症是在1973年11月，两次手术并没有根除病灶，癌细胞已扩散到身体的其他部位。这时，她接受了从影以来最大的挑战：在一部电视系列片中饰演以色列总理梅厄夫人。她演的这个女人已是年逾七旬的老妇，而且患着白血球过多症。这份工作对已经65岁的她来说非常艰难。她的身体十分虚弱。一天紧张的拍摄结束后，回到住处，总是累得筋疲力尽，但她仍以惊人的毅力坚持拍完了电视片。1982年8月29日，她迎来了自己的第67个生日。这天早上，她感到十分不适，痛楚万分，她强忍剧痛，款待宾客，替他们斟满香槟，举杯共饮，她只是把酒杯同嘴唇“亲了亲”，便放下了。就在当晚，这位伟大的女演员逝世于伦敦寓所，终年67岁。

英格丽·褒曼几乎获得了电影界所有奖项，奥斯卡电影奖——1941年奥斯卡最佳女主角奖（《郎心似铁》）、1957年奥斯卡最佳女主角奖（《真假公主》）、1975年奥斯卡最佳女配角奖（《东方快车谋杀案》）；埃米奖——1960年杰出演技奖（《施加压力》）、1982年杰出演技奖（《一个叫戈尔达的女人》）；金球奖——1945年电影类最佳女主角（《煤气灯下》）、1946年电影类最佳女主角（《圣玛丽亚的钟声》）、1957年电影类最佳女主角（《真假公主》）、1983年电影类最佳女主角（《一个叫戈尔达的女人》）。

格里高利·派克

格里高利·派克的父亲是一位药剂师，母亲是话务员。小派克5岁的时候，他的父母离婚，他的祖母开始养育他。10岁的时候，派克被送往洛杉矶的一所罗马天主教军事学校就读。毕业后，他考入了圣迭戈州立大学，但在一年后旋即退学。1936年，他又成为加利福尼亚大学柏克莱分校预科生，主攻英语文学，并参加了校赛艇队。在高年级的时候，他又加入了学校的小剧团，出演了5场戏，并在百老汇舞台上获得成功。

格里高利·派克的首部电影是1944年的《光荣的日子》。他少年时代所受的严格的军事训练和对待艺术创作的严肃态度，使他迅速成为受导演信赖、受观众欢迎的明星。在他电影表演的最初5年中，他就因出演了影片《王国的钥匙》、《幼婴》、《12点整》、《君子协定》而被4次提名为奥斯卡最佳男主角奖候选人。格里高利·派克1967至1970年任美国电影艺术与科学学院主席。此外曾任全国艺术委员会委员、美国防癌学会主席等职。1967年派克获美国电影艺术与科学学院的琪恩·汉旭特团结友爱奖。1987年9月格里高利·派克曾访问过中国。2000年，格里高利·派克被爱尔兰国立大学授予文学博士。他也是都柏林学院大学电影学院的赞助者。和凯利·格兰特一样，派克在晚年也进行了环球演讲。

格里高利·派克从影几十年来从未传出过任何丑闻，这在鱼龙混杂的好莱坞中更显得出淤泥而不染。派克从容高贵的气质让全世界影迷为之倾倒，他是好莱坞黄金时代的标志

2003年，87岁的派克在洛杉矶的家中平静地离开了人世，他的第二任妻子陪伴在他的身边。

格里高利·派克从影以来一共主演的电影有60多部，其中以《爱德华大夫》(1945)、《鹿苑长春》(1946)、《太阳浴血记》(1946)、《罗马假日》(1953)、《百万英镑》(1954)、《白鲸》(1956)、《在海滩上》(1959)、《纳瓦隆大炮》(1961)、《凶兆》(1976)、《麦克阿瑟将军》(1977)、《海狼》(1981)等影片最为著名。他是1947至1952年期间的美国10大明星之一。1962年，正值美国民权运动的巅峰时期，派克主演了由哈珀·李的小说改编而成的电影《杀死一只知更鸟》，在片中他扮演了一位深受压迫的律师和丧偶的父亲阿提卡斯·

芬奇。这个角色为派克赢得了奥斯卡最佳男主角的第5次提名，并首次获得了该项大奖，也被美国电影学院奖选为百年影史“一百个银幕英雄与坏蛋”中的头号银幕英雄，该片也是派克最喜爱的作品。在2003年，他主演的阿提卡斯·芬奇被美国电影学院评为100年来最佳的电影英雄。

派克在政治上是一个自由主义者，1967年他曾获杰出人道主义奖，还曾获得自由勋章。在《杀死一只知更鸟》的奥斯卡颁奖仪式上他曾说过：“在这部影片中，我投入了我的一切，我46年的生活中所感受和学到的一切，那些关于家庭、父亲和孩子的，还有我对种族主义和司法公正的认识。”他热心地参加公共事业，有多个公益事业和影视事业方面的职务。

克里斯托弗·李

在银幕上活跃了半个多世纪的英国老演员克里斯托弗·李在14到17岁之间进入惠灵顿大学就读，毕业后成了航运公司的职员。1941年，他应征入伍，加入英国皇家空军参加二战。20世纪40年代末期，退伍后的李投身表演，196cm的高大身材和邪恶的面貌特质让他很快成为恶魔的化身，随后的20年间，他出演了大量恐怖电影，代表作包括《科学怪人的诅咒》、《恐怖吸血鬼》和《永眠的诅咒》等。70年代中期，厌倦了以往戏路的他开始尝试出演主流电影，陆续出演了《福尔摩斯秘史》、《豪情三剑客》和《铁金刚大破金枪客》等。随着这些影片的成功，李开始引起好莱坞的关注，转战好莱坞的他出现在大量经典影片之中，其在《星球大战》系列影片和《魔戒三部曲》中的出色表演给观众留下了深刻印象。

他饰演了英国20世纪50至60年代汉默影业出品的著名恐怖片名录中的几乎每一个经典怪物，他在《弗兰肯斯坦的诅咒》中扮演了疯狂教授创造的怪物；《木乃伊》中的木乃伊；双重性格的哲基尔和海德；还有那个最著名的、孤独而又致命的德库拉伯爵，他对这个角色的演绎次数远远超过其他任何演员，从1958年的《恐怖的德库拉》开始——在该片中他对抗库欣扮演的范·海尔欣，一直到1974年的《德库拉的恶魔典礼》。吸血鬼德库拉让克里斯托弗·李在广为人知的同时，也似乎开始吸干了他的事业之血，令他无限的才华失色。为了打破类型角色的束缚，他开始在各种类型的影片中寻找扮演各种角色的机会，包括风行一时的经典悬念影片《柳条人》、《双城记》、史蒂芬·斯皮尔伯格的喜剧片《1941》、以及备受好评的续集片《小鬼2》。

李还是一个在英国出版过唱片的多才多艺的歌手，并在流行电视节目诸如《复仇者》、《查里的天使》中出现过——1992年李还在卢卡斯影业公司的《少年印第安纳·琼斯历代记》中扮演角色。他的自传：《高个、黑暗而可怕》于1994年出版，同年他还赢得了伦敦电影批评家终生成就奖。在他的名下已经有了超过250部的作品，克里斯托弗·李的事业突然间变得比以往更加炙手可热。

继在蒂姆·波顿执导的巨片《沉睡谷》（本片还召集了《星战》明星伊恩·麦克迪米德和雷·帕克）中露面后，李前往新西兰，在由彼特·杰克逊导演的史诗巨片《魔戒》三部曲（《神圣的生物》、《不死生物》和《吓人者》）中扮演白袍法师萨鲁曼，几乎刚完成拍摄李就转道澳大利亚，加入了EP2的拍摄。

朱迪·嘉兰

朱迪·嘉兰原名弗朗西斯·古姆，她的父亲经营着一个剧院，从3岁开始她便与自己的两个姐姐在剧院里演出，且小有名气。朱迪·嘉兰早期的成功来自于她的出众才华。她天生就是当演员的料，有一副动听的好嗓子。

后来年轻的嘉兰引起了经纪公司老板路易斯·梅尔的注意，他将嘉兰带入了电影界。嘉兰在20世纪30年代中期进入米高梅公司，以短故事片《每个星期日》走上银幕。此后,电影公司让她接拍了许多以年轻人为对象的电影，她开始受到了广泛的欢迎。

由于福斯公司与米高梅公司讨价还价，使超级童星秀兰·邓波儿失去了拍摄《绿野仙踪》的机会,朱迪则幸运地得到这一角色。这部1939年奥斯卡最佳电影歌曲和最佳电影配乐影片，使朱迪名扬天下，她演唱的《越过彩虹》令人心醉，还赢得了一项奥斯卡特别奖——第十二届美国电影艺术与科学学院“当年最佳童星特别奥斯卡奖”。从此，17 岁的嘉兰就此顺利站稳影坛，成了米高梅公司最器重的演员，并拍摄了一系列歌舞片。

朱迪·嘉兰在 40 年代上半期主演了不少优秀影片，如《万众欢腾》、《合家欢》等。1945 年她与《合家欢》导演文森特·明尼里结婚，并在当年 10 大卖座明星中榜上有名。

1950 年,对于 29 岁的朱迪·嘉兰来说是她人生最不幸的一年，不仅离婚，还在拍摄场面宏大的音乐片《安尼，举起你的枪》时，由于迟到、经常发脾气、情绪低沉等原因，与制片方发生了矛盾。米高梅公司与她解除了合约，并另外请人开始重拍这部片子。受此打击的嘉兰割腕自杀未遂。在接下来的数年中，她没有接拍任何电影。

在一连串不幸的婚姻和事业的打击下，她的精神和身体在迅速损坏。这时希德·勒夫特给了她心灵的慰藉，使她重新站起来。1954 年朱迪·嘉兰重返银幕，主演音乐片《一个明星的诞生》，并获奥斯卡最佳女主角提名及好莱坞外国记者协会授予的最佳女主角金球奖。该片讲述了无名少女由大明星提携打进电影圈，两人成婚后星运却刚好相反，出众的少女凭着自己的才华成为巨星，男主角成了她的累赘。影片是描写好莱坞电影圈最杰出的作品，该片穿插了近 15 分钟精彩的歌舞，影片也是女主角本人一生的写照。后来，她主演的话剧《绝顶功夫》连续在纽约宫殿大剧院爆满19个星期。1961年，她在卡尼基礼堂举行音乐会，同年以《纽伦堡审判》获奥斯卡最佳女配角提名奖。

但朱迪·嘉兰的复出是短暂的。她面临着身体衰坏、自杀的企图和婚姻不幸等诸多的麻烦。而且，喉咙也出了问题，她开始发胖。1969年6月她死在了伦敦的寓所中，年仅47岁。

朱迪·嘉兰一生获奖无数，其中包括1940年奥斯卡杰出演出奖、金球奖和托尼奖终生成就奖。正如她后来出演的影片《一个明星的诞生》中所表现的那样灿烂耀眼。1998她在AFI评选的最杰出的女演员名单中排名第8。

马龙·白兰度

美国演员马龙·白兰度是当代最伟大的演员之一。1944 年开始登上百老汇舞台，3 年后以《欲望号街车》的爆炸性演出成为剧坛巨星。40 年代后期，他加入大导演伊利亚·卡赞领导的“演员工作室”，成为最早的成员之一。

1950 年，他以《男儿本色》跃进银幕，但并未引起人们注意，随后，1951 年白兰度异军突起，出演他曾经在舞台上大获成功的影片《欲望号街车》，他以其独特的厚实沉稳，粗野遒劲的表演风格成功地塑造了无产者斯坦利的形象。他的出色表演使他获得他的第一次奥斯卡奖提名。此后白兰度又因《萨巴达》、《朱利斯·凯撒》和《狂野的人》而获得 3 次奥斯卡奖提名。1954 年，白兰度出演了一部低成本的影片《码头风云》，扮演了一位码头搬运工。为此他还亲身去体验生活，真正当起一个码头搬运工。他将这个角色饰演得有血有肉，使之成为美国中下层工人的光辉代表。1970年，导演弗朗西斯·科波拉力邀他出演影片《教父》，白兰度对此产生极大的兴趣。这部反映美国黑手党家族事业的影片一经上映，立刻引起社会的巨大轰动，被称为是继《公民凯恩》后最伟大的一部电影作品。影片创下非凡的票房收入。白兰度把教父唐·维克托演得出神入化，入木三分，充分展现他惊人的才华。随后，他又出演《巴黎的最后探戈》、《超人》、《现代启示录》等片，均获得了一致的好评。

进入20世纪90年代后，年迈的白兰度依然演出了颇具水准的影片《唐璜德马科》和《人魔岛》，冯小刚的《大腕》曾计划邀请他出演，但他因身体状况未能参与。2004年7月1日，这位一生颇富传奇色彩的好莱坞“教父”与世长辞，享年80岁。

马龙·白兰度在1954年他以《码头风云》获得奥斯卡、纽约影评人协会及戛纳电影节影帝3项大奖。1967年后他选择了退隐，1973年他复出主演的《教父》再度荣获奥斯卡最佳男主角奖，后来《血染的季节》又一次让他获得奥斯卡奖的提名。

多丽丝·戴

多丽丝·戴，1922 年 4 月 3 日出生于俄亥俄州的辛辛那提。她是美国二战后流行音乐歌手中名气最大的一位。多丽丝·戴的童年是梦想成为舞蹈家，她在 16 岁转入歌坛前，曾是一位舞蹈演员。后来她走上了职业歌手的道路，并参加了一个乐队，由哥伦比亚唱片公司为该乐队录制的唱片《怀乡之旅》销量曾超过一百万张。至 40 年代中期多丽丝·戴已经是知名的唱片歌星。在 1948 年在她主演的电影《海上罗曼史》中，她演唱了《那是魔力》一歌。这是一部成功的电影，她的阳光形象和甜美的歌喉很快就获得观众的喜爱，多丽丝·戴终于成为了一颗影歌双栖的红星。她那迷人的面貌，勾魂的嗓音，令她演出了多部电影，不论巾帼英雄或浪漫女性的角色她都能驾轻就熟。和当时的女歌手一样，她也喜欢和其他歌星合作，和弗兰克·赖恩合唱的《布什糖》，和约翰·瑞合唱的《让我们向一个方向步行》都成了热门曲。她还有一曲《世事不可强求》后来也登上英国歌曲榜榜首。在停顿了将近6年后，她演唱的一个电影主题曲《移动的宠儿》，终于又上了榜。多丽丝·戴在几部与洛赫逊及卡莱·葛伦主演的电影中创下很高的票房记录。

在1956年希区柯克的电影《擒凶记》中，多丽丝·戴主唱插曲并担当主角麦昆夫人，影片讲述一对美国医生麦昆夫妇带着一个年幼的儿子在摩洛哥阿拉伯人聚居区观光时，目睹了一个法国人遭到谋杀的经过。法国人在弥留之际将内情告诉了这位麦昆医生，于是麦昆医生成了一项间谍阴谋的知情人。间谍组织绑架了他的儿子作为人质，要挟他保持沉默，麦昆夫妇为营救儿子，毅然投入一场揭露间谍的搏斗。关键时刻她急中生智唱着影片的主题曲，给囚禁在某国使馆中的小儿子发信号，并最终将其救出险境。这首歌在当年一举荣获奥斯卡最佳电影插曲金像奖，随着时间的流逝，它的生命已经超越了电影本身，在半个多世纪之后依然给人以无穷的力量。

1968年多丽丝·戴因精神崩溃而终止了电影事业，她在好莱坞的生涯告一段落。数年后她终于痊愈，转往电视界主持自己的综艺节目。在脱离公众视线20年后，1993年多丽丝·戴又在加州的家乡，为慈善事业重返舞台，演出了《患难珍妮》。

多丽丝·戴是著名好莱坞明星。她清新的面容，天真清纯而又性感动人的歌喉，是美国流行音乐的一个历史标志。多丽丝·戴是美国二战后流行音乐歌手中名气最大的一位，是大乐队时代艺人中最受欢迎的女歌手。由 1948 年 6 月 26 日起，到 1954 年底，多丽丝·戴共有上榜曲 32 首。最成功的就是她的第一首上榜曲《爱上某人》（和布迪·克莱克的二重唱)，1948 年 6 月 26 日登榜首 5 周。依次为《隐秘的爱》——1954 年 1 月 9 日登榜首 4 周，《男人就是男人》——1952 年 3 月 15 日登榜首 1 周,《再次》，《那就是魔力》。

多丽丝·戴有“雀斑皇后”之称，她以邻家女孩的灿烂笑容征服了影迷，经常成为年度 10 大卖座巨星之一。她出演了百余部电影，主要作品有：《枕边细语》、《教师之恋》、《海上罗曼史》。

保罗·纽曼

保罗·纽曼出生于俄亥俄州的谢克·海茨，父亲经营着一家体育运动器材商店。二次大战中，保罗·纽曼曾在海军服役，因有色弱症，没能实现当驾驶员的梦想。退役后，他回到家乡，得到了一份体育奖学金从而进入了肯杨艺术学院学习。但一次膝关节损伤使他不得不放弃运动，从此，他开始转向演戏，加入了威斯康州的一个夏令剧目公司。

1947 年，保罗又来到伊利诺斯州，与女演员杰奎琳·威特结婚。父亲去世后，他将商店的股权转让给了弟弟，自己前去投考耶鲁大学戏剧学院的研修生。假期中，他前往纽约，在哥伦比亚广播公司 (CBS) 1949 年开始播放的电视连续剧《奥尔德里奇的家》中得到了一个角色。1952 年，保罗签约演员电影公司，并于次年首次于百老汇亮相，在威廉·英奇的舞台剧

《野餐》中出演艾伦·西摩一角。这引起了华纳公司官员的注意，不久保罗·纽曼进入了该公司，正式踏上影坛。

尽管华纳公司将他视为“马龙·白兰度”第二，并与他签下了一张5年的拍片合同，但他的第一部影片《银酒杯》（1955）并不成功。好在他并没有从此被冷落，1957年，他在罗伯特·怀斯执导的《那儿有人喜欢我》中扮演一名拳击手。次年，他因主演《漫长的炎夏》获戛纳最佳男演员奖。1958年，保罗·纽曼参加了影片《豪门巧妇》的拍摄，这部影片使他第一次荣获了奥斯卡奖最佳男主角的提名。

1961年，他在罗伯特·罗森导演的影片《江湖浪子》中，饰演一位不甘沉沦的年轻职业球手，因表演出色，神形兼备，凭借此片，他第二次获得奥斯卡奖最佳男演员的提名且夺魁呼声很高，但最终桂冠落在了主演《纽伦堡审判》的马克西米利安·谢尔的头上。1968年，保罗·纽曼执导了他的第一部影片《巧妇怨》，该片使他获得了纽约影评人协会最佳导演的称号，第二年他再次获得第二十六届金球奖最佳导演及第四十一届奥斯卡奖的最佳影片。虽然保罗·纽曼凭着《原野铁汉》、《铁窗喋血》、《并无恶意》等影片屡获奥斯卡奖的提名，但仍旧与“小金人”无缘。

1986年，保罗·纽曼迎来了一生中辉煌的转折点——他推出了自己的得意之作、著名导演马丁·斯科赛斯执导的影片《金钱本色》。保罗在片中出色的表演对影片的成功起到了关键的作用。在7次提名，7次落选后，保罗终于以此片得遂心愿，获得了第五十九届奥斯卡奖最佳男主角奖，摘得了影帝的桂冠。1989年，他又在《大智若愚》中出演角色，并且第9次获得了奥斯卡奖的提名。

2002年，保罗·纽曼出演了黑帮片《毁灭之路》，一头银发的保罗将黑帮老大的形象刻画得形神兼似，第10次获得了奥斯卡奖的眷顾。这之后，观众便很少在银幕上看到保罗·纽曼的身影。直到2006年，他为动画片《汽车总动员》配音，2007年5月，这位为电影奉献半生的82岁老人宣布正式息影。

保罗·纽曼一生拍摄了40余部影片，不论是早期注重外形、充满激情的表演，还是晚年返璞归真的角色诠释，他都能极好地把握角色心理，形神兼备地塑造人物，他曾10次获得奥斯卡奖提名，获得过荣誉奥斯卡奖和影帝称号，是观众不能忘怀的一代影人之一。

杰克·李蒙

本名约翰·欧勒·李蒙的杰克·李蒙，1925年2月8日诞生在波士顿一家医院的电梯里，因为他母亲在阵痛开始后仍坚持把手上那副桥牌打完，但杰克·李蒙等不及他母亲进产房，就呱呱落地了。杰克·李蒙的父亲原是推销员，后来成为一家知名食品公司总裁，他父亲供他进入哈佛大学就读，但是他在大学里却专攻戏剧社团活动，即便他不上台演戏的时候，也爱装疯耍宝，以逗同学开心为己任。毕业后，他先和贝蒂·葛兰宝合作演出了两部喜剧和一出音乐剧，随后于1955年在亨利·方达主演的《罗拔先生》中饰演片中轻浮的海军少尉，抢尽亨利·方达、詹姆斯·贾克奈等大明星的风采，并以此片获得奥斯卡最佳男配角殊荣。从1956年起，杰克·李蒙因为名导演比利·怀德的重用，成为哥伦比亚最红的明星。在比利·怀德掌镜之下，他首先和汤尼·寇蒂斯、玛丽莲·梦露合作了《热情如火》，该片是当年美国最卖座的喜剧，票房高达800万美元；翌年，他继续和比利·怀德合作拍摄《公寓春光》，两片都为他赢得奥斯卡最佳男主角的提名。杰克·李蒙2001年6月27日因癌症并发症逝世于南加大诺瑞斯癌症中心，享年76岁，她的妻子菲莉西亚、两名子女和继女都在病榻前为他送终。以《救虎记》等片享誉影坛，7次提名奥斯卡，勇夺两届奥斯卡影帝的杰克·李蒙是娱乐界最伟大的演员之一，“出色”一词最足以描绘他的一生。

他的主要作品有：1955年的《罗勃先生》，1956年的《热情如火》，1957年的《公寓春光》，1966年以后的《飞来福》、《单身公寓》、《满城风雨》、《一对宝》、《见色忘友》、《见色又忘友》、《出海》，1973年的《救虎记》，1970年以后的《大特写》、《父子情深》、《失踪》，1998年的《单身公寓Ⅱ》让杰克·李蒙成为奥斯卡影帝的作品却不是他拿手的喜剧，而是1973年的写实悲剧《救虎记》。杰克·李蒙在片中饰演一个事业失败的中年男子，因为走投无路，最后纵火自焚。20世纪70年代以后，杰克·李蒙便开始尝试喜剧以外的各类角色，包括《大特写》中的核电厂主管、《父子情深》中垂死的父亲、《失踪》里寻子的父亲等，这证明他不仅是一个出色的喜剧演员，也是一个才华横溢的优秀演员。

彼得·塞勒斯

彼得·塞勒斯参加过第二次世界大战，并结识了斯皮克·摩根、哈里·塞卡比和迈克尔·班提等日后的工作搭档。战后他去了伦敦，曾经在广播剧《傻瓜秀》中配音并名噪一时。他的电影处女作是1951年的《指向天堂的便士》，随后是1952年的《男子的坠落》和1955年的《师奶杀手》。他在整个50年代都在演绎这些夸张的小角色，直到他在《我真的回来了》（1959）中扮演的劳工领袖使自己的表演事业上了一个新台阶，彼得·塞勒斯才真正开始了自己在60年代的华丽演出。

1962年，他在斯坦利·库布里克导演的《一树梨花压海棠》中分饰两角，扮演的是花花公子克莱尔·夸提和Zempf博士。1964年，同样是在库布里克导演的《奇爱博士》中，他一人承担了3位主角的表演，并凭借此片第一次得到了奥斯卡影帝的提名。1972年，他读到了泽西·格林斯奇的小说《在那边》，并决心把它搬上银幕，这就是7年之后的《富贵逼人来》。彼得·塞勒斯凭这部影片获得了奥斯卡的影帝提名，后来虽然败给了影片《克莱默夫妇》的男主角达斯廷·霍夫曼，但这部电影仍然是20世纪70年代末享誉甚高的政治讽刺喜剧。《富贵逼人来》的主角是一名头脑简单的老园丁，他整天以看电视度日，在长期累积之下，他的整个思想行为和世界观已完全电视化。偶然间他在别人面前“秀”了一下他的广博知识，竟然技惊四座，甚至还因此当上了政客倚重的智囊。导演哈尔·阿许比成功地以喜剧手法嘲讽了电视文化和政治现实，而主演彼得·塞勒斯的演出也光芒四射。

这部电影也是他的最后遗作。电影完成后的第二年即1980年，彼得·塞勒斯离开了人世。

彼得·塞勒斯身上特有的疯狂表演元素像慢性癌症一样扩散到他整个一生。他性格孤独抑郁，没有人能够真正进入他的内心世界。他喜爱用他所饰演的任何角色来将自己包裹得密不透风——无论是淳朴的园丁，常出差错的蹩脚侦探，亦或是纳粹科学家。对于喜爱他的人们来说，他是每一个角色，每一个角色又不是他。

理查德·伯顿

理查德·伯顿是一名矿工的儿子，但他奋发向上，最终获得牛津大学学位。在学校期间他就已在伦敦演出舞台剧，1948年他进入电影界。1952年他出演了影片《断肠花》，因为在片中的出色表演他开始受到制片方和观众的注意。1953年理查德·伯顿以《圣袍千秋》一片提名奥斯卡最佳男主角奖，在好莱坞打响知名度，其后一直活跃在英、美两国的表演圈。50年代是英国电影活跃的年代，被称作“英国新浪潮”，而他正是那个年代的代表人物之一。1962年他与众多国际影星一起出演了经典的二战影片《最长的一日》。1962年理查德·伯顿参加20世纪的超级巨制《埃及艳后》演出时，在片中出演了马克·安东尼，并与片中的女主角伊丽莎白·泰勒假戏真做，陷入了爱河，他们两人的爱情轰动了整个影坛。此后他们曾两度结婚又离婚，成为20世纪60年代轰动一时的风云人物。

理查德·伯顿1984年8月5日逝世于瑞士日内瓦，死因脑溢血，享年59岁。

理查德·伯顿是英国影史上的巨星之一，尤其善演莎士比亚笔下的人物。他主演了近百部影片，代表作品有：1956年的《一代天王亚历山大》、1958年的《沙漠大血战》、1961年的《仲夏夜之梦》、1964年的《雄霸天下》、1965年的《柏林谍影》、1966年的《灵欲春宵》、1967年的《孽海游龙》、1968年的《血染雪山堡》、1969年的《安妮的一千日》、1971年的《沙漠之狐隆美尔》、1972年的《暗杀托洛斯基》、1974年的《大王龙》、1978年的《野鹅敢死队》等，此后，他一共六次获得奥斯卡提名。1967年还导演了影片《浮士德游地狱》。

玛丽莲·梦露

玛丽莲·梦露出生于洛杉矶综合医院里，本名诺玛·莫天森，诺玛的身世坎坷，在她出生前，父亲就离开了家，留下家人与未出世的诺玛。至于母亲葛蕾蒂丝虽然生下了她，却生而不养，不但男女关系复杂，还几乎连孩子的父亲是谁都搞不清。9 岁的时候，母亲仍然接受不了父亲离去的事实，被关进精神病院。1941 年，小诺玛到了加利福尼亚的“安娜姨妈”家。一年后，16 岁的诺玛与大自己 4 岁的詹姆斯·多尔蒂结了婚，第一次有了自己的家，两年后丈夫应征入伍，当时正处第二次世界大战期间，不久丈夫以不满诺玛的新职业为由提出了离婚，于是在她 20 岁时就结束了这段短暂的婚姻。后来，凭着较好的外形，玛丽莲·梦露当起泳装模特儿，从此她美丽的倩影四处流传。

1946年，诺玛被20世纪福克斯公司的大老板看中并拍板雇用，从此有了这个艺名——玛丽莲·梦露。1947年玛丽莲·梦露拍了第一部电影，但她在片中只是小配角，之后她拍的几部片也不见起色，福克斯公司不愿和她续新约，她只好重回模特儿一行，并开始上表演课。1949年她为《花花公子》杂志拍摄裸照，之后接了《彗星美人》、《夜阑人未静》两部影片，尽管片中的她仍旧是小角色，但已开始受到影迷注意。进入20世纪50年代，玛丽莲·梦露又拍摄了《飞瀑怒潮》、《妙药春宵》、《绅士爱美人》、《大江东去》、《七年之痒》等影片，一步步地奠定了她银幕性感女神的形象。1956年玛丽莲·梦露开始在纽约演员工作室的教导下进修。 那一年玛丽莲与摄影师米尔顿·格林开创了玛丽莲·梦露电影制作公司。

1960年玛丽莲与克拉克·盖博合演了《不合时宜的人》，谁也不曾料这分别是他们俩的最后一部影片，停机没几天，克拉克·盖博因心脏病猝发而不治身死。同年11月她与丈夫阿瑟·米勒正式分开，这次离异造成的感情创伤始终未能平复。她的神经衰弱变得严重起来，只得进精神病院做一个短期治疗。1962年玛丽莲·梦露在工作与身体状况都不佳的情况下，为了拍《双凤奇缘》和电影公司闹得不愉快，5月19日她竟然不顾工作径自应邀为总统肯尼迪献唱“生日快乐”。8月4日，是一个周末的星期六，是梦露悲剧一生的高潮。这一天早晨，人们还看见她脸庞鲜艳。谁也没有料到，这是临终前的最后光彩。1962 年 8 月 5 日清晨，玛丽莲的女管家发现她卧室的灯还亮着，她一丝不挂地躺在床上，她在加利福尼亚的洛杉矶刚购置的房中离开了人世。

玛丽莲的每部影片都超乎寻常的卖座，特别是在《七年之痒》这部片中她站在地铁口的镂空铁板上，下面刮上来的风把她的裙子吹得鼓胀起来，成了她影片里最著名的镜头，为后世所效仿。她是银幕性感女神，直到今天仍然无人可替。

西德尼·波埃特

西德尼·波埃特被认为是第一位好莱坞黑人巨星，他原籍巴哈马，生于佛罗里达州迈阿密的一个黑人自耕农家庭，西德尼·波埃特自小家境贫寒，只接受过很短时间的正规教育。他的少年时期正是美国种族歧视最严重的阶段。为了改变自身的处境，西德尼·波埃特 18 岁时来到了纽约，初期以做一些杂工为生，还有一段时间不得不投宿在公共汽车站里，不过穷困的生活没有改变他的决心。西德尼·波埃特第一次投考美国黑人剧院却遭失败，他就花了 6 个月的时间来修正自己的南方口音和学习表演技巧，终于在第二次报考中成功，并且在一出百老汇歌剧中引起众人的关注，之后就不断在舞台上有上佳表现。

1950 年，20 世纪福克斯公司邀请他出演《医生与凶手》一片，他在片中饰演的医生角色再次引起大众的注意，片约也从此源源不断，不久他就被认为是当时最优秀的黑人演员。但由于白人演员在挑选角色上的优势，黑人一直只能是电影里的配角，西德尼·波埃特的努力使他在拒绝了几个有损形象的角色的数年之后，终于开始得到了演主角的机会。之后，他在银幕上、舞台上、甚至黑人民权运动上都非常活跃，他的《猜猜谁来吃晚餐》和《吾爱吾师》都被看做是打破种族坚冰的里程碑作品，而他的表演天才、正直、道德心和与生俱来的可爱也使他成为堪与同时代白人比肩的黑人巨星。进入 70 年代，他不仅自己主演，而且还投资制片，出任导演，取得了不少的成就。到了 80 年代，他开始著书立说，虽然减少了银幕亮相的机会，不过他依然是 20 世纪影坛最受尊崇的演员之一。

西德尼·波埃特的电影代表作品有：《挣脱锁链》（1958）、《炎热的夜晚》（1967）等。编剧作品有：1968 年的《谁来爱你》，导演作品：1972 年的《布克与传教士》、1978 年的《天才老爹发神威》、1980 年的《阿叔有难》、1982 年的《阿叔甩难》、1990 年拍《鬼爸爸》。

波埃特在《挣脱锁链》一片里出色地扮演了一个黑人逃犯，这个角色给他带来了第一个最佳男主角的奥斯卡提名奖。5 年之后，1963 年的影片《野百合》为他赢得了第 36 届奥斯卡最佳男主角金像奖，这是黑人首次获得奥斯卡最佳男主角奖。这也成为黑人民权运动成果的重要标志之一，2002 年，波埃特被授予奥斯卡终身成就奖。

美国电影艺术与科学学院主席弗兰克·皮尔森评价说，波埃特“在银幕上非凡、独特的表演，及他代表电影行业给世界观众留下的高贵、时尚及智慧的印象”使他获得了这个荣誉。

奥黛丽·赫本

奥黛丽·赫本生于比利时布鲁塞尔，父亲是一位英国银行家，母亲是荷兰贵族后裔，袭有女男爵的封号，家族谱系甚至可以回溯到英王爱德华三世。

赫本 6 岁开始就读于英国伦敦的贵族寄宿学校，但旋即遇到父母离异，父亲离开了家庭，之后赫本离开英国跟随母亲一起回到荷兰的娘家。1939 年，她进入安恒音乐学院学习芭蕾舞，之后，第二次世界大战爆发，宣称中立的荷兰被纳粹占领。由于谣传母亲的家族带有犹太血统，原本十分富裕的男爵家族被视为帝国敌人，不但财产被占领军没收，赫本的舅舅也被处决，母女俩被迫过着贫困的生活。战后，赫本与母亲回到伦敦,赫本进入著名的玛莉·蓝伯特芭蕾舞学校学习芭蕾舞，并击败多数应征者，成为音乐剧《高跟鞋》的合唱团员。由于表现突出，1951年，赫本首次在英国电影《天堂的笑声》中露脸，之后她在电影《双珠艳》里施展舞技，被《双珠艳》导演推荐给威廉·惠勒，参加了其新影片《罗马假日》的拍摄。她扮演楚楚动人的安妮公主，一头黑色短发，外貌优美脱俗，体态轻盈苗条，在金发性感女郎风行的年代，赫本一下子吸引了观众的目光。赫本不仅俘虏了全世界亿万青少年的心，连评论家们也都不知不觉被她吸引，许多报纸评论称赞赫本说："一位新嘉宝诞生了！"1954年3月25日，赫本获奥斯卡最佳女主角奖。

1954年她与汉弗莱·博加特、威廉·荷顿一同演出比利·怀德拍摄的爱情片《龙凤配》。1955年赫本再度获得奥斯卡最佳女主角奖提名。之后几年，她主演的《战争与和平》、《甜姐儿》、《巴黎之恋》等片都获得不错的评价。1976年，息影7年过着"贤妻良母"生活的赫本再度重返影坛，与因演007谍报员詹姆斯·邦德而名噪一时的辛·康纳利一起主演《罗宾汉和玛莉安》。当赫本前往纽约出席该片的首映式时，现场的影迷用唱歌的声调齐唱道："我们爱你，奥黛丽！"这令赫本很感动。她虽然息影多年，但演技并未逊色。继《罗宾汉和玛莉安》后，她又主演了《血线》、《哄堂大笑》、《直到永远》。1993年1月20日，赫本在瑞士托罗青内茨住所，因结肠癌病逝。

奥黛丽·赫本的一生，是光辉灿烂的一生，她创造的银幕形象，正如她本人一样，留给人们无数美好的印象。她在电影史上所占的独特的一页，永远不会被岁月所抹掉。

1991年4月22日，美国林肯中心电影协会向赫本授予荣誉奖，该奖自1972年起每年向全世界最资深的艺术大师颁发，获奖者先后有卓别林、劳伦斯·奥立弗、伊丽莎白·泰勒、詹姆斯·史都华等影界巨星，这是对赫本影坛生涯以及其非凡演技的崇高褒奖。赫本晚年，致力于社会公益事业。1988年，她担任联合国儿童基金会亲善大使，足迹遍及埃塞俄比亚、苏丹等亚非拉许多国家，受到当地人民的广泛爱戴和欢迎。1992年底，她还以重病之躯赴索马里看望因饥饿而面临死亡的儿童。为表彰她为全世界不幸儿童所做出的努力，美国电影艺术和科学学院将1988年度奥斯卡人道奖授予了她。

格蕾丝·凯利

格蕾丝·凯利，1929 年 11 月 12 日降生于美国费城一个富有的家庭，父亲历尽艰辛,终于跻身千万富翁的行列。格蕾丝的童年在富足和平静中度过。在这个重视子女成长的家庭中，母亲格外疼爱这个体质娇弱的女儿。当高中毕业的女儿表示要从事表演事业的时候，母亲给了她支持，觉得这有利于安抚她那多愁善感的性格。格蕾丝第一次在电视上露面了，她拍了一个香烟的广告。做模特、在纽约的百老汇登台演出和在电视上做节目已经不能满足格蕾丝，她来到了南加利福尼亚，这里有她童年就梦想的事——电影。

1951 年格蕾丝·凯利在一部名为《14 个小时》的影片中她得到了她的第一个银幕角色——一个微不足道的小角色。第二年，她得到一个与大明星贾莱·古柏合作的机会，他们主演的影片是这一年最轰动的电影《正午》，作为新人，格蕾丝的表现令人瞩目。1953年格蕾丝与克拉克·盖博、爱娃·加德纳主演了一部关于非洲的电影——《红尘》，她的表演精彩动人，不仅得到当年金球奖最佳女配角奖，还被观众评为最受欢迎的女明星。接着她第一次与希区柯克合作，在《后窗》中扮演詹姆斯·史都华心仪的女郎，据说这种爱慕也延续到了现实生活中。与希区柯克的第二次合作是同年的《电话谋杀案》。这一年格蕾丝迅速拍了数部经典的电影，分别是《绿焰》、《乡村姑娘》、《白鸟》。在《乡村姑娘》中格蕾丝的表演令人叹服，她扮演的是一个酒鬼的妻子，在片中她牺牲了美貌，却赢得了这一年的奥斯卡金像奖。

年轻美貌的格蕾丝赢得了许多可望而不可即的成功，她高雅迷人、富有才华、令人倾倒，与她合作的那些大明星无不为她着迷，加利·格兰特、威廉·赫顿、弗兰克林·辛纳特纳、贾利·古柏、克拉克·盖博都曾是她绯闻的主角。后来她终于遇到自己的真命天子——摩纳哥王子兰尼埃三世。成为摩纳哥的王妃后，格蕾丝又演了一部影片《天鹅》，从此结束了她光彩动人的银幕生涯，就此专注于华丽的皇室生活，充当高贵美丽的王后。1982年9月12日格蕾丝在一场车祸中遇难，同车的女儿并无大碍。

格蕾丝·凯利是上世纪50年代风靡一时的女星，她美丽、时尚、优雅，拍出许多经典影片，其中以《托利克之桥》、

《捉贼记》、《上流社会》等为代表。而《红尘》入围第二十六届奥斯卡最佳女配角提名奖、《乡下姑娘》更荣获第二十七届奥斯卡最佳女主角奖。

金·哈克曼

金·哈克曼原名尤金尼·艾伦·哈克曼，他父亲是个穷苦的商业印刷工人。中学毕业后,哈克曼虚报年龄参加了美国海军陆战队，过了6年平淡无奇、枯燥乏味的军旅生活后退伍。之后他进入大学主修新闻学，准备以后做一名记者。然而仅6个月他就退学了，他觉得自己做不成记者，在他的心底深处他还在强烈地向往着幼年时期影视明星的梦想，终于哈克曼只身去闯世界。在纽约和加利福尼亚，他用尽方法学习各种表演技能，特别是在师从乔治·美里森之后，他开始参加一些舞台剧的演出，然后进军百老汇，开始演出喜剧。他总结出一套适用于自己的肢体语言和表演方法，并受到了普遍的好评。在那个马龙·白兰度成名的年代，哈克曼也闯出了自己的小小名气。1967年在电影《邦妮和克莱德》中，哈克曼得到了他的第一个主角角色。扮演男主角强盗克莱德的弟弟巴克。影片中马克被警察打死是一场重头戏，哈克曼仔细钻研，认真表演，刻苦实践，终于他的出色演技为他赢得了该年度奥斯卡最佳男配角的提名。在影片《我从未给父亲唱过歌》中他接受了一个具有挑战性的角色，扮演了一个在父子矛盾亲情中成长的儿子。他的带有自传性的出色表演令影坛震惊，他被认为是潜力巨大的演技派明星。

20 世纪 70 年代哈克曼又接连拍摄了《法国贩毒网》和轰动美国的科幻片《超人》的拍摄。20 世纪 80 年代是哈克曼疯狂工作的时期，不安定的生活令他将全部精力投入到工作之中，这期间他拍了 20 多部影片。进入 90 年代，哈克曼依然花开不败，佳片纷纷涌现。其中《来自边缘的明信片》颇受好评，在《不可饶恕》中哈克曼因饰演了一个仇视黑人的西部警长而获得第六十五届奥斯卡最佳男配角奖。哈克曼总是在影片中饰演反面角色，但是他总是在反面人物身上塑造出一种闪光点，一种真实的人性，不再让反面角色完全是面目憎恶，不可接受的恶魔。他从影以来所演过的影片就好像一本美国电影近代史一般。

金·哈克曼在 1971 年的《法国贩毒网》中塑造了他最为出色的角色之一，一个与罪犯长期较量，坚持正义的侦探多伊尔。哈克曼在形象的创作上，为主人公设计了一个非常具有特点和情感色彩的摆手姿势。随着影片的大获成功，这一手势风靡世界，成为哈克曼的标志，这部影片使他获得了该年度奥斯卡金像奖最佳男主角奖。哈克曼 1974 年在《霹雳神探》中饰演警探一角，因为精湛的演技，立刻就为他获得了一座奥斯卡影帝的宝座。他接下来同时演出了一连串票房卖座成功及受好评的电影，如《对话》、《风火赤焰万里情》、《军官与间谍》、以及《超人》、《超人第二集》、《超人第四集》等，而他在《烈血大风暴》的演技让他获得另一个奥斯卡最佳男主角的提名。后来，哈克曼凭着电影《不可饶恕》的演出获得了一个奥斯卡最佳男配角奖，将他的名声再度推向高峰。

史蒂夫·麦奎因

史蒂夫·麦奎因生于密苏里州斯拉特，1947 年服役于海军陆战队，1952 年进纽约社区剧院，后入演员研修所学习表演。1956 年初登银幕，1966 年以《圣保罗炮艇》获奥斯卡最佳男主角金像奖提名，同年主演《万里歼仇》，从此一跃成为大明星，在影片《龙凤斗智》（1968）、《浑身是胆》（1968）、《亡命大煞星》（1972）、《大赛车》（1972）、《巴比龙》(1973) 中塑造了众多栩栩如生的人物形象。

史蒂夫·麦奎因出演的角色大都是比较边缘的“英雄人物”，在这里不能不提到影片《巴比龙》。电影讲的是一战之后，巴比龙被诬告谋杀，被判终生监禁，在恶魔岛上服苦役，为了追求自由，他不断越狱的故事，《巴比龙》被誉为“影史上最伟大的逃狱电影”。《巴比龙》讲述的不仅仅是个人追求自由的执着，更象征了个人对抗国家机器、社会体制和宗教束缚的艰苦而不屈的过程。在《巴比龙》里面，史蒂夫·麦奎因得到充分发挥，从英气勃勃的壮年到白发苍苍的老年，他的抗争、决心、忍耐、忠诚、自信和乐观，都被刻画得入木三分，让观众感同身受。在片中，达斯汀·霍夫曼饰演巴比龙的狱友，他善良、热心但是保守、麻木，已经被社会体制化，害怕改变。史蒂夫·麦奎因与霍夫曼的表演交相辉映，使影片精彩纷呈。与《巴比龙》不同，《龙凤斗智》是充满男性魅力的史蒂夫·麦奎因与冷艳不可捉摸的费伊·达纳韦在60年代末合演的一流娱乐片。麦奎因在片中饰演感觉生活无聊的百万富翁，亲自策划了一宗完美的银行劫案。保险公司派出美丽的女调查员展开调查，两人在尔虞我诈的斗智之余却产生了感情。导演首次以分割银幕的方式表现主人翁多姿多彩的富豪生活，使麦奎因给人们留下了更为深刻的印象。

还有一部值得一提的片子是《火烧摩天楼》，讲述的是一幢位于三藩市中心的摩天大楼顶楼内，正举行落成典礼。突然下层冒出熊熊烈火，不久已渐渐蔓延到阁楼，所有宾客被围困。消防队长及楼宇设计师被急召到现场了解情况，最后麦奎因扮演的人物成为超级英雄。该片是一部不可多得的经典灾难电影，片中明星众多，除了麦奎因，还有保罗·纽曼、菲·丹娜惠等明星，影片上映后火爆异常，更让麦奎因炙手可热。

史蒂夫·麦奎因是上世纪六七十年代著名的好莱坞硬汉派

影星，他一生拍摄了50余部影片，在银幕上留下了许多令人难忘的形象，同样令人难忘的是在人生的舞台上，尽管他从幼年起生活中就有很多磨难，但却始终没有放弃努力和拼争。

1980年11月7日，史蒂夫·麦奎因身患癌症病逝，在生命的最后一年，他还顶着癌症的痛苦拍了两部影片，到死也没有放弃对命运的抗争。

克林特·伊斯特伍德

1930 年 5 月 31 日，克林特·伊斯特伍德出生于美国旧金山，父亲是一位炼钢工人。他在奥克兰中等技术学校毕业后服了两年兵役，1950 年他考入洛杉矶大学攻读表演专业，毕业后在环球影片公司充当一些小角色。1955 年，他先后参演了《塔兰图拉毒蛛》和《弗朗西斯在海军》等二部影片，但反应平平，丝毫不引人注意。直到 1959 年他才迎来事业的一个转折，出演了电视长片《皮鞭》，终于引起人们的广泛关注和好评，成为了全美家喻户晓的明星。

克林特在 1964 和 1965 年出演了《荒野大镖客》、《黄昏双镖客》等西部片，此后他片约不断。1964 年，他出演了影片《为了几块钱》中的一个无名枪手，影片一经公映，这个身材高大，沉默不言、动作神速，到处追杀歹徒的英雄形象就立刻风靡欧洲。1967 年，克林特回到美国好莱坞，在影片《摩根的恫吓》中饰演一位曼哈顿法官在城市中追捕凶犯，这种将西部片放置于城市背景下的新样式立刻受到了公众的欢迎。

进入 20 世纪 80 年代，《天涯父子情》、《辣手神探勇劲冲天》和《火狐狸》等影片继续巩固了他在影坛一线明星的地位。80 年代中期，克林特陆续自导自演了几部以哈利为主人公的系列片（《铁手套》、《意外冲击》、《危险处境》和《可怜人》），都得到了相当不错的反响。其中他导演的《乐手伯德》一片赢得了该年度戛纳世界电影节两项大奖。

80 年代末期，西部片已走进了模式化，样式化的窠臼，在美国影坛日渐沉没，酷爱西部片的伊斯特伍德决定重振西部片雄风。1992 年他推出了影片《不可饶恕》，本身是西部硬汉形象的伊斯特伍德，在这部西部片中注入了自已极大的热情，在影坛再次掀起了西部片热潮。

之后，克林特又出演了《火线阻击》和《完美的世界》，1995 年，他再次自导自演了影片 《廊桥遗梦》，该片再次轰动美国，银幕上的枪手硬汉一下变成了一个温情脉脉的中年男子，一段浪漫的黄昏恋情让美国人回味无穷。克林特用实际行动证明他不仅仅是个动作英雄，还是个柔情男子汉。

美国“老牛仔”克林特·伊斯特伍德在好莱坞电影史上，绝对称得上是最丰富多产的导演和演员。他从事电影事业 40 余年，共参演了 48 部电影，导演了 24 部作品，担任过 18 部电影的制片，并制作过 9 部电影的音乐，于 2005 年荣获第七十七届奥斯卡金像奖最佳导演奖，2000 年 12 月荣获崇高的林肯中心荣誉奖，2000 年 1 月荣获纽约国家影评协会终生成就奖，1998 年同时获得法国影片协会和美国制片协会颁发的两个终生成就奖，1995 年更以《不可饶恕》一片获第六十五届奥斯卡最佳影片奖、最佳导演奖。他是国际影坛的男性电影明星偶像，更是当代电影的传奇人物。

肖恩·康纳利

肖恩·康纳利于1930年8月25日出生在苏格兰首府爱丁堡的一个工人家庭，从小家庭生活就十分困难，清贫的家境使得他13岁就辍学开始谋生，在工作之余，他参加了健身俱乐部，练就了一身好体格，这为他日后扮演“007”打下了基础。1950年，伦敦举行“世界先生”选拔赛，身材高大，体质健壮的他赢取了“环球先生”的参赛资格，并被“南太平洋歌舞团”招聘为合唱队员，从此踏入演艺圈。

1962年，肖恩主演了“007”系列的第一集《诺博士》，从此开创了不朽的“邦德”时代。第二年他又拍了一部《俄罗斯之恋》，这是他所拍的七部邦德片中自己最喜欢的一部。接着，他又拍了第三部“007”影片《金手指》、第四部《晴天霹雳》，一部比一部卖座。到1965年，他已经成为最具票房号召力的明星之一。1967年后，肖恩便拒绝再演邦德，于是1969年的《为女王陛下秘密效劳》便改由澳大利亚籍的乔治·拉辛主演，这部影片完全失败了。于是，制片人艾伯特·布罗克科利又说服肖恩再次扮演了“007”，于1971年拍了《永恒的钻石》，使邦德系列片打入了世界市场，但拍完这一部，肖恩坚决不再拍，从此，银幕上的“007”便改由罗杰·摩尔担任。1983年，另一个制片人杰克·施瓦茨曼想拍一部“007”影片《永不说不》，原来是请肖恩作顾问，但不久影片就到了非肖恩出演不可的地步。于是，这一年，两部邦德片同时上映：肖恩·康纳利的《永不说不》和罗杰·摩尔的《章鱼》使邦德成为人们津津乐道的不朽话题。康纳利的表演保留了老派的英国绅士风度，举手投足间满是优雅的神韵，他赋予人物的内涵使肖恩·康纳利版的“007”被电影史上公认为最接近原著小说中的人物形象。后来，他接拍了《东方快车谋杀案》等影片，但反响都不如“007”。

直到80年代，60高龄的肖恩迎来了他演艺事业的第二秋。1987年，他因在影片《铁面无私》中扮演正直的老警官马龙而获得奥斯卡最佳男配角奖。片中的肖恩·康纳利完全突破了“007”的模式，其精湛的演技再次令人惊叹不已。后来，他又相继出演了一系列角色，并获得了一个又一个成功。在1999年浪漫惊险片《偷天陷阱》中，肖恩饰演一名超级窃贼，与英籍女演员凯瑟琳·泽塔·琼斯演对手戏，影片上映后更是好评如潮，盛况空前。好莱坞大导演斯皮尔伯格对他少时崇拜的影星——肖恩·康纳利的评价是：世界上总共只有 7 个真正的电影明星，肖恩·康纳利就是其中之一。

这位神奇的“007”演员，并没有因为“007”系列片的成功而固步自封，他先后参演了 50 余部电影，努力尝试不同的角色，总在不断创新和超越自己，在美国占主导地位的电影世界中，他以其英国绅士的独特风度征服了观众，为世界电影史留下了富有魅力的一页。

詹姆斯·迪恩

詹姆斯·迪恩 4 岁时全家迁到加州。小时候的他就长得如瓷娃娃般精致。到了高中毕业时，他的戏剧演出和朗诵已经小有名气。这个戴着厚厚镜片、一身稚气的羞涩男孩决定去加州、去好莱坞寻梦。他来到加州投奔父亲。虽然在父亲的反对下，他没能主修表演，但他还是尽其所能地选读了各种戏剧课程。后来他逐渐崭露头角，开始在校园戏剧中挑起大梁。纽约繁荣的电视业为他提供了成长的沃土，在快节奏的拍摄过程中，詹姆斯·迪恩迅速地完善了自己的表演风格，他的脸、身体、动作都成为展现其个性的一部分。坚毅的额头，微蹙的双眉，眼神深邃，嘴角挂着一丝嘲弄的微笑，忧伤的脆弱与野兽般的强悍如此和谐地并存在他身上。

这时候，为《伊甸园之东》选角的伊利亚·卡赞发现了这颗新星，并把他带回了洛杉矶。他总是最深切地认同自己的角色，这种投入达到了人戏不分的境地，无论是《伊甸园之东》里对父亲的爱恨交织，抑或《无因的反抗》中渴望成人、遭到排斥的少年，皆是他本人生活的写照。当电影公司为了制造花边新闻安排女明星故作亲昵地陪伴他出席晚会时，他感到局促不安，根本无法挤出一点微笑。于是，他从赛车中寻找慰藉，1955年9月30日，他驾驶一辆保时捷肇事死亡。

詹姆斯·迪恩出道仅18个月，就因为车祸而意外身亡，他一生只拍摄了3部电影，1955年的《伊甸园之东》、《无因的反抗》，1956年的《巨人传》。但他依旧是19世纪50年代最伟大的男明星之一，也成为了上个世纪好莱坞最重要的电影文化偶像之一，从1955年他去世那年开始，他的声名不仅没有随着时间消逝，反而因其英年早逝和主演三部电影的质量以及他本身的明星特质和演技而愈隆，2005年正值他逝世50周年，华纳公司一举推出了他主演三部电影的DVD套装，让影迷有了更多了解他的机会。

伊丽莎白·泰勒

伊丽莎白·泰勒自幼习舞，在伦敦长到7岁，全家回到了美国。她的母亲萨拉·泰勒坚持让泰勒去和电影厂老板们的女儿在一起上舞蹈课。母亲通过舞蹈班上一位同学的父母，使她获得了去米高梅影片公司试镜头的机会。而且，弗朗西斯·泰勒艺术画廊的一位老主顾也邀请她去环球影片公司试镜头。米高梅和环球这两家影片公司都非常愿意接受她。泰勒12岁就主演了《玉女神驹》，并引起轰动，迅速成为家喻户晓的红星，此后片约不断。1956年泰勒主演的《岳父大人》，则是其青春期代表作。其后泰勒曾以《战国佳人》、《朱门巧妇》及《夏日痴魂》三度获得奥斯卡提名，而《青楼艳妓》及《灵欲春宵》则让她两度登上奥斯卡影后宝座。从童星到贵妇，她的演艺生涯长达半个世纪，并且一直是最受欢迎的女明星之一。在

60余年的演艺生涯中，她曾经五次获得奥斯卡奖最佳女主角提名，并两次获得奥斯卡小金人。在80年代之后她的演出大减，但1994年仍推出《石头族乐园》。泰勒结过八次婚，七次以离婚收场，另一次是丈夫空难身亡。

泰勒是第一位片酬达到100万美元的女演员，她的魅力、演技使她夺得3次奥斯卡奖；泰勒一生共14次登上《人物》杂志封面，仅次于黛安娜王妃；1993年，泰勒获得美国电影协会终身成就奖；1995年，泰勒被《帝国》杂志评选为影史上最性感的百名影星第16位；1997年，泰勒被《娱乐周刊》评选为影史最杰出的影星第11位、在美国电影协会评选的50名“美国银幕传奇人物”中名列第7；1999年的新年前夜，泰勒和女影星朱莉·安德鲁斯一起，被英国的伊丽莎白女王授予女爵士的头衔；2002年，泰勒获得约翰·F·肯尼迪中心荣誉奖。年事已高的她如今被人尊称为“玉婆”，她还置身于慈善事业，尤其是艾滋病的防治。

索菲亚·罗兰

1934年，索菲亚·罗兰生于意大利那不勒斯附近的一座破落渔港波佐利，身份是私生子。但无论是世界大战的炮火、还是饥饿和恐惧，都没有阻止一个幼小的心灵对电影的憧憬和对艺术的痴迷。据说，仅一部泰隆·鲍华主演的《碧血黄沙》，罗兰就连续看了12遍，那年她14岁。第二年，她首次参加了米高梅影片公司的影片《暴君焚城录》的试镜，并幸运地得到一个小角色——和1万名女孩一起饰演战争中的俘虏。

1954年，罗兰因在《那不勒斯的黄金》中饰演一个脾气暴躁的姑娘而一举成名。翌年，她在影片《河里来的女人》中饰演充满野性却被男人抛弃的女子，再度引起轰动。后来，在卡洛·庞蒂的引导下，罗兰来到了好莱坞，她的异国情调给好莱坞以极大的震撼。在《骄傲与热情》、《海豚上的男孩》、

《榆树下的爱情》等影片中，狂野而真实的罗兰，引起了世界影坛的瞩目。

两年后，罗兰在祖国迎来自己的收获，名如其人的《黑兰花》使她折桂 1959 年威尼斯国际电影节最佳女主角奖。但这还只是罗兰辉煌的开始。罗兰在 1961 年拍摄的《两个女人》一片中，将一位饱经战争创伤的年轻寡妇塑造得无懈可击，她也由此问鼎 1961 年第三十四届奥斯卡最佳女主角奖。面对成功，罗兰感慨万千地说："我在拍摄《两个女人》之前是一个被动的表演者，此后才是一个真正的演员。"三年后，这位"已是真正的演员"又因为《昨天、今天、明天》一举获得第三十七届奥斯卡最佳外语片奖。

1966 年，罗兰与庞蒂终于缔结了姻缘，有情人终成眷属。与娱乐圈的是是非非相比，他们的生活圆满而幸福。家庭给了罗兰更多的空间，但她也未完全忘却演艺。1994 年，宝刀不老的罗兰又与马尔切洛·马斯特洛亚尼合作主演了《成衣》。影片中罗兰依然充满着野性美的魅力，她的精湛表演更加炉火纯青。

步入晚年的索菲亚·罗兰依然是美丽的。以至于在近年 3 000 名英国人投票的调查中，她以绝对优势击败了比她年纪小 30 至 40 岁的众多影视、模特中的美女，一举当选"20 世纪世界上最美丽的女性"。排在她之后的是 34 岁的伊丽莎白·赫莉、33 岁的辛迪·克劳馥以及 32 岁的朱丽娅·罗伯茨等。这一年，罗兰已 66 岁。

索菲亚·罗兰的身上有那种让人难以抗拒的魅力，那是一种经历了种种磨难后散发出来的野性的美和勇于奋争的精神，这让她在众多女影星中独树一帜，并能在几十年的电影生涯中永葆青春。她不靠外貌而是靠自己内在的气质和精湛的演技来取胜。而在生活中，罗兰更以其丰富的爱心和严谨的生活作风赢得到了无数人的爱戴。

阿兰·德龙

阿兰·德龙 1935 年 11 月 8 日生于法国索镇市，他的父亲是一名电影工作者，母亲在一家药店工作。上世纪 50 年代初叶，他在印度支那的法国海军当了几年伞兵。1956 年他回到巴黎，寄宿在一位朋友家里，靠做一些临时性工作糊口。德龙凭借自己英俊的面孔结识了一些著名电影明星，像让·克罗德·布雷力和碧姬·欧柏都是他最早的演艺界的朋友。在 1957 年，他参加了伊夫·阿勒格莱特执导的影片《当女人卷入其中》的拍摄，并与一电影工作室签约，以此开始了他的演艺生涯。

作为一个从未接受过科班训练的新手，德龙一开始几乎饰演的全是年轻、强壮、甚至道德上有些堕落的年轻人。后来，因为他那令人屏息的英俊相貌，他也得到了一些温柔情人或风流英雄的角色，如为我国观众所喜爱的《佐罗》等。他的第一个突出的演艺成就是在出演惊险电影《阳光明媚》时取得的。后来，德龙在几部意大利的电影中扮演了同以往性格差异很大的角色，又回到了犯罪的题材上来。其中，他与让·加宾合作的《地下室的旋律》堪称这类作品的典型代表。这部影片不仅仅以精美的画面和音乐取胜，其严谨的制作和片中德龙出色的演技都令人称道。

直到60年代后期，德龙才开始转向扮演外表冷静、重在表达内心世界的角色。1960年，阿兰·德龙主演维斯康提执导的《洛克和他的兄弟》一片，并因此赢得了国际电影界的承认。1961年，他又获得了维斯康提在巴黎所拍的《她是个妓女》一片的舞台角色。1963年，他和另一位著名演员琼·卡米特主演了《大小通吃》。这部影片不仅剧本写的好，制作也非常精细，再加上阿兰·德龙和卡米特的精湛演技，使它成为全球犯罪片领域里一部不可多得的经典之作。1964年，阿兰·德龙成立德尔博制片公司，出品由盖伊·吉尔导演的电影短片。1970年阿兰·德龙开始拍摄电影故事片，他真正取得评论界的喝彩，是因为在1976年的《克兰先生》中出色地扮演了那个冰冷、阴险的主角。

2001年66岁那年，他在巴黎大饭店举行的记者招待会上宣布“不再拍摄影片”，表明了引退之意。当天，阿兰·德龙表示，“过去一直寻求与自己志同道合的人一同做事，并为此做出了不懈的努力，现在虽然准备离开银屏，但没有什么可遗憾的事情。”

阿兰·德龙结过两次婚，第一任妻子是娜塔莉·德龙，两人的儿子安东尼·德龙也踏足电影圈，出演了几部影片。现任妻子是罗莎莉，给他生育有一子一女。

阿兰·德龙从影多年，获得无数的奖项及肯定，他塑造的佐罗是正义的图腾。他本人也成了人们心目中年轻有为的侠义志士。他扮演的角色多以坚韧、冷酷著称，被誉为法国电影的活证人。

伍迪·艾伦

伍迪·艾伦在15岁的时候，就开始用写俏皮话的方式给一些报纸的专栏作家投稿，后来被这些专栏作者推荐担任专为广播电台写广告中俏皮话的作者。1952年，他中学毕业，即以自己的搞笑天才为电视节目编写脚本。

1961年，伍迪·艾伦正式成了一个喜剧演员，他在格林威治村的小酒馆、夜总会和小剧场里演出。1964年，他为电视台编写并主演了电视剧《猫咪最近怎么样了》，该剧大获成功。1966年，他的第一部舞台剧《别喝那水》在百老汇上演，再一次赢得大家的一致认可。1970年，由他编剧、主演的舞台剧《再弹一遍，萨姆》正式面向了大众，该剧奠定了他正式走向电影界的基础。1969年，他自导自演了一部《拿了钱就跑》，从此正式开始了自己的电影之路。接下来他演出了几部早期名作——《香蕉》、《性爱宝典》和《沉睡者》，这几部作品都是富于想象力的滑稽闹剧。

在 1975 年的影片《爱情与死亡》中，伍迪·艾伦放弃了对类型片纯粹地模仿和颠覆，该影片参加了柏林电影节，获得了西柏林电影节的特别奖，这成为他获奖历史的开始。在 1977 年的影片《安妮·霍尔》大获成功后，次年的《内心深处》再次载誉。此后他又陆续拍摄了《非强力春药》、《人人都说我爱你》、《解构哈里》、《名人百态》、《甜蜜与真相》等影片，伍迪·艾伦一直持续着自己多年来几乎一年一部电影的创作速度。

1977 年，他自编自导自演的《安尼·霍尔》获奥斯卡最佳导演、最佳影片、最佳女主角、最佳编剧四项金像奖，以及美国影评人协会、纽约影评人协会、金球奖、英国影视艺术学院等多项奖励。1978 年，他导演的《内心深处》获得奥斯卡 7 项提名和多个最佳女主角的荣誉，1979 年，他拍摄的《曼哈顿》获得纽约电影评论最佳导演奖和第三十三届英国电影与电视艺术学院最佳影片奖及法国恺撒奖最佳外语片大奖。1994 年拍摄的《子弹横飞百老汇》是他 90 年代最杰出的作品，该影片获得过当年七项奥斯卡提名。

丹尼斯·霍珀

丹尼斯·霍珀 1936 年 5 月 17 日生于美国堪萨斯州，很小的时候他就对演戏表现出兴趣。舞台经验丰富的霍珀，在 19 岁即踏入影坛，他的第一部电影是 1954 年的《荒漠怪客》，紧接着他和詹姆斯·迪恩因合作了《无因的反叛》及《巨人》两部名片以及《OK 镇大决斗》。

丹尼斯·霍珀在 20 世纪 60 年代的银幕上十分活跃，扮演的多是西部片中的反派人物，其形象可恨之至。1969 年他首次尝试自编自导自演了公路片《逍遥骑士》，推出后即引起世界范围内的强烈反响。之后丹尼斯·霍珀又陆续有几部执导作品问世。不过 1971 年的《最后一场电影》却饱受批评，票房同样失利。此后八年他经常出现在欧洲出品的影片中，直到 1979 年，他与马龙·白兰度、马丁·希恩联袂主演的《现代启示录》，才给人们留下了深刻的印象。80 年代中期是霍珀演艺生涯的巅峰期，1980 年他自导自演的《天降艳福》大获好评。80 年代后期，他主演了《斗鱼》、《周末大行动》和《穿梭三千年》等影片。1986 年丹尼斯·霍珀以《火爆教头草地兵》中的出色表演入围奥斯卡男配角奖。同年他出演了大卫·林奇的《蓝丝绒》，亦赢得多个影评人大奖的肯定。此后他陆续主演了《超级马力兄弟》、《绝命大煞星》和《未来水世界》、《爱情摇摆区》等影片。90 年代丹尼斯·霍珀曾在《生死时速》、《水世界》等同业大片中出演反派，均有不俗的发挥。

丹尼斯·霍珀曾经历过 5 次婚姻，共育有两女一子。

杰克·尼科尔森

1954年，杰克·尼科尔森中学毕业后来到了洛杉矶，在米高梅影片公司动画部打杂。不久，杰克·尼科尔森参加表演班学习表演，1969年,他被邀请在《逍遥骑士》中饰演一位律师，杰克·尼科尔森也因此片首次获得奥斯卡奖最佳男配角提名。

1970年，杰克·尼科尔森出演了音乐片《在晴朗的日子里你永远能看见》，该片获得好评。接着他主演了《五部轻松的戏剧》，影片中，杰克·尼科尔森的表演极其自然，他的表演确立了20世纪70年代的愤世嫉俗的银幕风格，进一步巩固了他在影坛的地位，也为他首次赢得了奥斯卡奖最佳男演员提名。1973年，尼科尔森凭着在影片《最后的细节》中的精彩演出，获得第二十七届戛纳电影节最佳男演员奖，并再次获得奥斯卡奖最佳男演员的提名。1975年，尼科尔森因《唐人街》获第三十二届金球奖最佳男演员，并再次获得了奥斯卡奖最佳男演员提名。

1976 年，尼科尔森在《飞越疯人院》中的表演不负众望，获第三十三届金球奖最佳男演员，并终于首次捧回了奥斯卡最佳男演员的小金人。在这部影片中，他饰演的角色为逃避苦役假装神经失常，却被送进了一家精神病院进行观察。由于不满精神病院中的行为，他与护士长发生了冲突，最后被护士长切除了脑白质，变成了白痴。本片成为第四十八届奥斯卡奖的大赢家，共获得最佳影片、导演、改编剧本、男主角、女主角等 5 项大奖。尼科尔森的努力终于得到了回报，他也成为好莱坞最抢手的男演员。20 世纪 80 年代，杰克·尼科尔森继续谱写他的影坛辉煌，多次获得了奥斯卡奖的提名。1983 年，他在《母女情深》中，出演了一位玩世不恭的宇航员加勒特，荣获了第四十一届金球奖及第五十六届奥斯卡奖最佳男配角。至此，他已成为奥斯卡历史上继杰克·李蒙和罗伯特·德尼罗之后第三个一人兼获最佳男演员和最佳男配角两个奖项的演员。尼科尔森在 1997 年更是凭借影片《尽善尽美》第二次成为了奥斯卡影帝。

进入新千年，尼科尔森先是在影片《誓言》中出演老探长一角，随后又主演了老年题材剧情片《关于施密特》。在《关于施密特》中，尼科尔森饰演一位 66 岁的老人，在妻子去世后寻求自身生命意义。他因在这部影片中的精彩表演，2002

年获洛杉矶影评人协会奖最佳男主角，并第12次荣获了奥斯卡奖的提名。

杰克·尼科尔森凭着其老辣的演技，在好莱坞引领风骚近30年。自1969年因影片《逍遥骑士》获奥斯卡最佳男配角提名至今，他已先后12次获奥斯卡奖提名（7次男主角、4次男配角），3次捧得金像奖（1976年、1998年获得奥斯卡奖最佳男演员，1984年获奥斯卡奖最佳男配角），是奥斯卡奖历史上获提名最多的男演员，堪称“奥斯卡之王”。1994年美国电影学院鉴于他对表演艺术的贡献，向他颁发了终身成就奖。1997年《帝国》杂志将他列入“当代100名杰出影星”，排名第6。

摩根·弗里曼

摩根·弗里曼出身于美国田纳西州的曼菲斯，父亲是理发师，母亲是护士助理。他在修习戏剧前曾就读于洛杉矶社区大学，1945 年至 1959 年间在美国空军服役。

弗里曼的演艺生涯是从舞台剧开始的。60 年代初，他开始在纽约外百老汇表演舞台剧，积累了一定的经验后，1968 年才进军百老汇，参与了一部全由黑人演员演出的舞台剧。之后，他游走于百老汇以及外百老汇的舞台上，从音乐剧、现代剧再到古典的莎翁名剧，弗里曼演出了各种题材、各种类型的舞台剧，充分展现了他的表演才能，也为他日后在电影界立足打下了坚实的基础。在百老汇闯出一番名号后，弗里曼转投入电视圈，1971 至 1976 年，他在美国公共电视的一个儿童英语教学节目中扮演“好好读”先生。1971 年，他出演了第一部影片《谁说我不能驾驶彩虹》——一部小制作的温馨儿童片，但反应平淡，这使他直到九年后才得到第二部影片——也是一部反响平淡的小制作影片。此后，他又拍了一些电影，但这些角色大都缺乏内涵，没有震撼力，并不能充分发挥他的表演才能。一直到 1980 年，他参加了影片《黑狱风云》的拍摄，才使得他鲜活生动的表演得以发挥，并获得了影评界一致的赞赏。1982 年至 1984 年间，他在一部固定时间播出的电视连续剧中扮演角色，使更多的人认识了他，也为他拓展了更广的知名度。

《黑狱风云》之后，弗里曼又沉寂了一段时间，因为他接演的几部片子都没有产生太大的轰动，直到 1987 年，他在《浪迹街头》中扮演一个黑社会的恶棍，他精湛出色的演技使他获得了当年奥斯卡最佳男配角和金球奖的两项提名。

1989 年，弗里曼拍摄的两部电影都受到了极高的评价。《为戴茜小姐开车》中忠厚诚实、善良勇敢的老司机形象，不温不火的表演为他赢得了金球奖和全美影评奖，美国外百老汇的最高荣誉——奥比奖，并第二次获得奥斯卡奖提名。而在《光荣》一片中弗里曼饰演一个专为人挖墓穴的工人，坚毅而对世俗歧视极度不满的他，毅然加入全由黑人组成的部队，为自己的自由而战，弗里曼认为这是他自己所扮演的最重要的也是最成功的角色之一。也正是由于在《光荣》中正直的形象，弗里曼才争取到在《铁腕校长》中出演校长一角。

20世纪90年代以来，弗里曼出演了几部既叫好又叫座的巨片。在与凯文·柯斯纳合作的影片《侠盗王子罗宾汉》中，他饰演罗宾汉的随从——一个摩尔人武士；在《不可饶恕》中他饰演了一个善良正直、勇敢坚强的西部老枪手；在《七宗罪》中他又成功地塑造了清醒、冷静、机智、敏捷的老侦探形象；而《肖申克的救赎》一片又让他第三次获得奥斯卡金像奖提名。在与老牌明星影帝达斯汀·霍夫曼合作的《蔓延》一片中他的表演也受到了一致的好评。之后摩根·弗里曼最终以影片《百万美元宝贝》（2004-2005年度）获得了第七十七届奥斯卡最佳男配角奖，他出神入化地表演才能得到了公众的一致认可，并成为最受欢迎的电影明星之一。

摩根·弗里曼从影30余载，拍摄了40余部影片，曾经3次获得奥斯卡金像奖提名，一次获得奥斯卡最佳男配角奖。作为一名黑人演员，取得如此不俗的成绩，实属不易，这与弗里曼对电影事业孜孜不倦地追求，与他善良、宽厚，为人所信任的品行都是分不开的。他为黑人电影演员的事业发展立下了一个标尺，也为广大观众所尊敬和记忆。

罗伯特·雷德福

查尔斯·小罗伯特·雷德福生于加利福尼亚州圣莫尼卡，父亲查尔斯·罗伯特·雷德福是名会计。少年时的小罗伯特·雷德福调皮捣蛋，曾因醉酒丧失了获棒球奖学金进入科罗拉多大学的机会。1957 年罗伯特·雷德福休学至欧洲旅行，回美国后，他进入普莱特专校修习艺术，并在美国戏剧艺术学院接受表演训练。1958 年，18 岁的女大学生罗拉为了与他结婚甘愿放弃学业，婚后两人生了四个孩子，有一个夭折。

1959 年罗伯特·雷德福首次在百老汇登台，进入影坛后他以主演《虎豹小霸王》迅速蹿红，成为影坛新星。令他大红大紫的电影是 1969 年他接拍的《神枪手与智多星》，他扮演的圣丹斯小子一角被认为是独一无二的，这一影片一举奠定了他的巨星位置。4 年后罗伯特·雷德福和保罗·纽曼合作，演出了

《刺》，他们饰演30年代芝加哥的小流氓，合作对付表面是大银行家的黑帮大哥。整部电影充满了紧张刺激和令人拍案叫绝的对白。这部电影是他从影以来最成功的电影，一共夺得七项奥斯卡大奖，而罗伯特·雷德福亦被提名最佳男主角。罗伯特在1980年导演的处女作《凡夫俗子》为他赢得了次年的奥斯卡最佳导演奖及最佳影片奖。直到8年后他才重返幕后，把约翰·尼克尔斯广获赞誉的小说《豆田战役》搬上大银幕；此后他与布拉德·皮特联手打造的《大河恋》颇受评论界和观众的好评，1994年他执导的《幕后谎言》再次为他赢得奥斯卡最佳导演奖的提名。

1981年，他设立圣丹斯电影学院，这成为向年轻电影人、独立电影工作者提供援助的重要地方。1984年，圣丹斯电影节开始举办，成为全美以致世界独立电影工作者展示成果的重要场合，一个不同于好莱坞价值的艺术竞技场。一年一度的圣丹斯电影节如今已经成为全球最有影响力的电影节之一。作为一个入行几十年的电影人，罗伯特·雷德福的成就是十分可观的。作为一名演员，他演出的电影多是以追求票房为主的商业片，从来没有得到过表演方面的任何大奖。不过作为一个充满魅力的男明星，他的地位是持久不坠的。但比起他创办圣丹斯影展，推动美国独立电影的发展，进而引起好莱坞的革命，他的明星地位，以至其流畅的导演技巧，都实在算不了什么。

达斯汀·霍夫曼

达斯汀·霍夫曼 1937 年 8 月 8 日出生于洛杉矶的一个中产阶级家庭。受喜好电影艺术的父母的影响，他从小就喜欢模仿与表演。大学期间，他对戏剧十分着迷。从洛杉矶音乐学院毕业后，霍夫曼于 1958 年来到纽约的一个著名的演员讲习所学习表演理论与技巧。但是，他的平凡相貌和直爽脾气令他一直没有成名的机会。

1965 年，霍夫曼进入百老汇发展。一次偶然的机会，他在话剧《第五匹马之行》中饰演了一个角色，并荣获戏剧表演奥比奖，为人所瞩目。随后，他又演出了滑稽剧《是吗》，也同样获得成功。他的演技深深打动了大导演迈克·尼科尔斯。在尼科尔斯的栽培下，霍夫曼才真正走入了影坛。霍夫曼对于演戏非常认真、投入，为了演好角色，哪怕是小角色，他也要反复琢磨，深入体验。为了演好《上班时间》里一个坐过牢的小偷，他几乎花了八个月的时间，访问了全美各地的监狱，还访问了一些获释罪犯，这使他的表演张弛有度，游刃有余。

霍夫曼的成名作是 1967 年的《毕业生》，这是他演技上的重大突破，他因而获得了当年的奥斯卡金像奖最佳男主角的提名。两年后，他又在影片《午夜牛郎》中成功地饰演了一个贫困潦倒的穷光蛋，其表演令人过目难忘。此后，霍夫曼又接连出演了《约翰与玛莉》、《小巨人》等诸多影片，并大受好评。在《伦尼》中，他扮演美国喜剧家伦尼，第三次获得奥斯卡最佳男主角提名。此刻，霍夫曼也已向世人展示了他可塑性强，戏路宽广的特点。1979 年，霍夫曼出演了影片《克莱默夫妇》，他那朴实细腻的表演感人至深，使影片大获成功，他也因此登上了奥斯卡的领奖台。1982 年，他在卖座喜剧片《宝贝儿》里一人扮演男、女两个角色，第五次获奥斯卡最佳男主角提名，并获好莱坞最佳男主角金球奖、全美电影评论家联合会的最佳男主角奖。1984 年，他去纽约主演了舞台剧《推销员之死》。1986 年，他主演了惊险侦探片《拉布拉瓦》，片酬高达 600 万美元。

1988 年，霍夫曼参加了电影《雨人》的拍摄，为了演好《雨人》中那个行为怪僻、神情痴呆的自闭症患者雷蒙，霍夫曼来到精神病院，与那些孤僻症患者同住了数月。正是凭借这种孜孜以求的执着精神，影片同样获得了广泛好评，也使已到知天命之年的霍夫曼自信而又谦逊地再次捧走了奥斯卡金像。

进入90年代，霍夫曼一改往昔的普通人形象，频频以反面人物出现在银幕上，在警匪片《迪克·特雷西》、强盗片《巴利·巴斯诘德》和1991年的《虎克船长》及次年的《英雄》等多部影片中他分别饰演了诸多性格鲜明的人物，普遍获得好评。

1995年，霍夫曼又主演了影片《极度惊慌》。为准备他的角色，霍夫曼阅读了大量有关病毒及传染学方面的书籍，其严谨的工作态度和高超的演技再次令人惊叹。此后，霍夫曼开始尝试影片制作，并继续活跃在银幕上。终于在1999年得到了他最想得到的美国电影界的最高奖项——美国电影学院终身成就奖。如今，宝刀未老的霍夫曼还在向着新的高度不断攀登。

达斯汀·霍夫曼是一位享有盛誉的电影表演大师。虽然其身高仅1.63米，而且相貌平平，但他却凭着非凡的演技和刻苦的精神，以变幻多端的装束和面孔塑造了众多生动而迥异的银幕形象，在《毕业生》中，他是忧郁而心事沉重的；在《午夜牛郎》中，他是精明的皮条客；在《克莱默夫妇》中，他是忙碌马虎、脾气暴躁却对儿子充满爱心的父亲；在《雨人》中，他总在自己的狭小世界里沉默冥思；在《桃色风云：摇摆狗》中，他是一个想教女人如何做女人的荒唐的、喜剧男人。达斯汀·霍夫曼所诠释的众多性格鲜明的小人物，都早已深植人心，口碑不菲，而他本人也因为创造的这些鲜活而富有生命力的形象而被世界电影所记忆。

简·方达

简·方达出生于美国纽约一个具有传奇色彩的影星之家，父亲亨利·方达是一位著名的演员，母亲弗朗西斯·西摩·布洛考是纽约社交界的名人，这就注定简·方达从一生下来就要过着一种受人关注的生活。童年时，简·方达的母亲因丈夫有外遇而患上抑郁症。当简·方达12岁时，母亲曾用刀片割喉自杀，自此，简·方达一直生活在这件事的阴影之下。

尽管童年的简·方达并没有表现出对表演强烈的兴趣与爱好，但是自从1954年同父亲亨利一起参加了奥马哈社区剧团制作的舞台剧《乡村姑娘》的演出之后，她开始表现出对舞台表演的浓厚兴趣。1958年，简·方达遇到了美国戏剧导演李·斯特拉斯伯格，并在一个演员培训中心接受训练。1960年，简·方达出演了她的首部影片《金童玉女》，从而开启了她表演事业的大门。

1968年，简·方达在她丈夫罗杰·华汀执导的电影《太空英雄》中穿着闪亮的三点式泳衣演出，从此一举成名。简·方达于1973年与罗杰·华汀离婚，不久，她便和著名的反战人士海登结婚，两人后来一同从事反战活动，海登后来投身政界，1989年，简·方达发现海登有外遇，于是提出离婚。简·方达离婚后，结识了美国有线电视新闻网络（CNN）创办人泰德·特纳，两人于1991年结婚，可惜婚姻只维持了10年，后来双方正式离婚。1981年，她与父亲共同制作了唯一一部父女合作的影片——《金色池塘》，帮助父亲完成了赢得奥斯卡金像奖的心愿。

1992年，简·方达退出影坛；1995年她被英国《帝国》杂志评为“电影史上最性感的影星”之一，排名第21位；1997年她被《帝国》杂志评为“电影史上最著名的影星”之一，排名第83位。此外，她还是20世纪60年代至80年代最漂亮的好莱坞女星之一。在美国人眼里，简·方达是一个伟大的演员，更是一个杰出的社会活动家；是一个备受争议的女权主义者，又是一个经历婚姻坎坷的妻子；是一个激进的反战者，又是一个崇尚美丽的健美大师。

简·方达与父亲、兄长彼得·方达并称好莱坞一门三杰。在演艺事业方面，简·方达曾得过两届奥斯卡金像奖的最佳女主角，分别是1971年的《花街杀人狂》及1978年的《荣归》。

其中，她在《花街杀人狂》一片中她饰演一名狡猾的应召女郎，其演技精湛，令人回味。上世纪七八十年代淡出银幕之后，简·方达曾致力于推广其热衷的有氧运动，有多部健美录影带全球热卖。

安东尼·霍普金斯

安东尼·霍普金斯的父亲是一位面包师，小时候，父亲常常把他抱起来，他的手总是能够触摸到天花板。这种触摸最高点的方式也许很大地刺激了他接受挑战高度的兴趣和勇气。17岁时，一场基督教会的表演激发起这位天才对表演事业的热爱。后来，安东尼有幸在伦敦皇家戏剧艺术学院接受了系统培训。良好的戏剧基础为他日后的电影拍摄打下了坚固的基础。

毕业后，他一直在当戏剧演员，扮演莎士比亚笔下的一系列戏剧人物。后来他觉得莎士比亚笔下的人物无法让自己重生，走进电影并扮演角色才是他的梦想。1968年，他与明星凯瑟琳·赫本合演电影《冬之狮》，饰演亨利二世，其大将之风跃然银幕，可谓一鸣惊人。这部电影为赫本赢得了一尊奥斯卡的小金人，同时31岁的安东尼·霍普金斯出色的演技也开始受到人们关注。

1974 年，他决定来到美国发展自己的事业。但是，他并没有得到自己想要的，美国并没有完全接受他。他缺乏俊美外貌，也缺乏高大的身材，虽有精湛演技，但想立即在影坛站稳地位，尤其是想赢得好莱坞的认同也并非易事。1980 年，43 岁的霍普金斯又接演了一部小成本的著名电影《象人》，并终于得到了媒体的普遍注意。这部刻画边缘人物是如何与社群沟通的影片，在心理描写上非常细腻，霍普金斯虽为配角，不是众所瞩目的中心，但其扎实精湛的演技终于让大多数人注意到他，使他开始小有名气。

进入 90 年代以后，霍普金斯的演艺事业有了新的发展。1992 年，霍普金斯以其在《沉默的羔羊》一片中的杰出表现获得了第六十四届奥斯卡最佳男主角奖的殊荣。他是奥斯卡历史上第三位获此荣誉的英国演员。在这部著名的悬念电影里，他只有 21 分钟的镜头，但是仍然抢走了不少女主角福斯特的光彩。他们两个的配戏至今都被认为是表演的最佳学习材料。其实在整部电影中，他并没有任何肢体语言，唯一所做的动作就是站立或坐下，而仅仅是靠眼神与说话的神态来体现汉尼拔这个毒辣但是智慧异常、风度翩翩的心理学教授。但即使一言不发，霍普金斯的表演也让人感觉充满魅力。从此，他一举成名。但是他并没有表现得非常喜悦，他曾经感叹说：“很多人开始夸耀我的演技，可是在此之前我却很少听到这种声音，在他们看来我的演技仿佛是在我 54 岁的那年突然降临的，它仿佛来自于上帝的恩赐，而在此之前我不过是一位相貌平平、走路有些摇晃的小人物。”

现在，他已经不是小人物了，对世界来说，他是一位举足轻重的演员，甚至是艺术家，他拍的每一部电影都受到人们的关注。1992 年，霍普金斯在影片《惊情四百年》中出色地饰演了一位研究吸血鬼的专家。1993 年他又在影片《幻境》中成功地诠释了一位性格沉静的大学教授。他主演的《沉默的羔羊》前传与后传更是引起了极大轰动。1995 年，安东尼·霍普金斯在《秋日传奇》中饰演了一位慈父，并在影片《尼克松》中成功地饰演了人们所熟悉的伟人。他那深沉而不着痕迹的表演感人至深，赢得了观众的一致好评，他的实力与表演风格被越来越多的人所肯定和欣赏。

安东尼·霍普金斯在他的演艺生涯中接拍了 40 余部电影，尽管成名较晚，但在银幕上塑造了众多栩栩如生的形象，向人们证实了他那过人的演技和天赋的才华。

哈维·凯特尔

哈维·凯特尔是一个混血儿。他出生于纽约的布鲁克林，父亲是罗马尼亚人，母亲则是波兰人。哈维·凯特尔并没有受过完整的教育。高中毕业后不久，他曾到黎巴嫩当过海员。生活的风浪使他具有了一种饱经沧桑的神秘感，也为他成为一名演员提供了条件。

不久，他被著名导演马丁·斯科塞斯所看中，并继罗特·德·尼罗之后成为了马丁·斯科塞斯的第二个最重要的合作者。在克服了童年时遗留下的口吃问题后，他进入了演员学习班学习表演。1968 年，他出演了马丁·斯科塞斯执导的影片《谁在敲我的门》，这是他演艺生涯的开始。此后他与马丁·斯科塞斯合作了大量的影片。同时他也和其他导演进行了合作，拍摄了大量的影片。他的演技日益精进，获得了广泛的好评。在影片

《出租汽车司机》和《坏中尉》中，他的表演更是获得了极高的赞誉。哈维·凯特尔是一位令人印象深刻的演员。他看上去给人饱经沧桑的印象，同时还带着一丝神秘感。从60年代起他就是影坛上颇为活跃的人物。在数十年的演艺生涯中，他曾与许多导演合作过，拍摄了各种类型的影片，塑造了许多令人难忘的角色。这其中有匪徒、有剑客、也有牛仔，有带着神经质的导演，腐败而残忍的中尉，还有无可救药的吸毒者。作为一个杰出的演员，他不仅在其出生地美国备受推崇，就连在欧洲诸国也颇为著名。进入90年代后他的影响力不仅没有随着时间的发展而减退，反倒更显活跃，这实在颇为不易。

哈维·凯特尔在1992年以《豪情四海》入围奥斯卡最佳男配角奖。1993年，哈维·凯特尔在影片《钢琴课》中饰演了一个性格孤僻阴郁的农夫。在1994年的影片《低俗小说》中，他又饰演了一个黑帮人物。这两部影片分别获得了那两年的法国戛纳电影节的金棕榈奖。他在片中的表演十分出色，令人难忘。1995年他又在影片《烟》中饰演了主角香烟店老板奥吉。影片获得了1995年柏林电影节银熊奖，同时还摘取了国际影评人奖的桂冠。该片在法国很受欢迎，哈维·凯特尔的表演得到了一致的赞誉，而他也成了一位极受法国人喜爱的美国影人。

阿尔·帕西诺

阿尔·帕西诺是意大利西西里岛人的后裔，原名阿尔弗莱德·帕西诺。两岁时，当石匠的父亲离家出走。1954 年，14 岁的帕西诺被曼哈顿的表演艺术学校录取。可学习还不到一年，他便不得不离开表演艺术学校，找了一份报酬较好的工作挣钱养活母亲。对表演艺术着迷的帕西诺一边工作，一边参加了赫尔伯特伯高夫电影制片厂的演员训练班，并遇见了著名演员查尔斯·劳顿，受到他的指点，开始了演员生涯，在外百老汇的舞台上磨练演技。26 岁的时候，帕西诺在一部外百老汇舞台剧中饰演一名精神病患者，首次赢得外百老汇最佳男演员奖。这次获奖为帕西诺打开了通往百老汇和好莱坞之门。

1969 年，帕西诺首次出现在电影银幕上，处女作是不太成功的低成本通俗剧《处女的烦恼》。不过，他在百老汇舞台剧《老虎打领带吗》中扮演一名吸毒的精神病患者，却赢得了最佳演员奖。该奖为帕西诺带来了另一个电影角色，在《毒海鸳鸯》中扮演一名吸毒者。这部影片也没有成功，直到《教父》出现，阿尔·帕西诺才真正成为一颗崛起的明星。

帕西诺在《教父》与《教父续集》中扮演的迈克·柯里昂是电影史上令人难忘的经典人物，他从一个纯情大学生变成黑手党第二代教父，是两部影片中的主要角色。之后，他重回百老汇演舞台剧，演出的戏码包括：《恺撒大帝》、《李察三世》和获得最佳演员奖的《帕洛汉姆的基本训练》。经过了四年的潜心磨练，阿尔·帕西诺终于以惊险谋杀爱情片《激情刽子手》东山再起。接着，帕西诺在漫画电影《狄克崔西》中化装扮演大反派头目，更获得影评人和观众的热烈欢迎。后来，导演科波拉宣布开拍《教父第三集》，终于将50岁的阿尔·帕西诺重新推向聚光灯的中心。虽然此片的卖座不如预期理想，但却奠定了帕西诺巨星的地位。

2008年，好莱坞两大奥斯卡影帝67岁的阿尔·帕西诺和64岁的罗伯特·德尼罗抖擞精神、披挂上阵，再度携手合作，在新片《正义杀戮》中出演两位追踪系列杀手的警官。知情人说，制片人花了好几个月的时间协商沟通，才同时搬动了这两位大腕。人们深信，能让帕西诺与德尼罗两位影帝联手的影片，一定有着非同一般之处，而这两块好莱坞的金字招牌无疑又是票房的有力保证。

阿尔·帕西诺从影近 40 年，拍摄了 30 余部影片，塑造了许多性格迥异、个性丰富的银幕形象，获得了第六十一届电影金球奖终身成就奖（2004）、第六十五届奥斯卡最佳男主角（1993）、第五十届金球奖最佳男主角（1993）、第三十一届金球奖最佳男主角（1974）、第二十九届英国电影学院奖最佳男演员（1976）和第二十九届英国电影学院奖最佳男演员（1976）等多个奖项，给世界电影史留下了丰富的一页。

朱莉·克里斯蒂

朱莉·克里斯蒂自小生长在印度，父亲是当地茶商。在英国、法国完成教育后，朱莉便进入伦敦一所剧校中接受戏剧及歌唱训练。1962 年她初进入影坛，演的都是小角色，翌年在《说谎的比利》中首次任女主角。名导演约翰·史勒辛格对她非常赏识，为她量身订造了《亲爱的》一片，朱莉·克里斯蒂在《亲爱的》中出演在名利场辗转起落的美艳女子黛安娜，其性格奔放善变，对名利和感情充满占有的欲望，为了得到想要的东西不惜耍尽手腕，最终她得到了几乎想要的一切，却只能在对爱情的追忆里黯然神伤，朱莉将黛安娜在这场堕落旅程中从不顾一切追求名利的疯狂，到回头沧海总成空的失落感刻画得细腻。《亲爱的》这部电影拿到了 3 个奥斯卡奖，朱莉·克里斯蒂凭此片获得第三十八届奥斯卡最佳女主角。1965 年对年轻的朱莉·克里斯蒂来说是个好年份，她在上世纪所出演的最好的两部片子都集中在这一年，一部是《亲爱的》，还有一部是备受赞誉的《日瓦格医生》。

进入70年代，年过30的朱莉·克里斯蒂逐渐改变了戏路。1971年朱莉出演的西部片《花村》可以看做是一部上佳的转型之作，她将一个强硬的妓院老板塑造得绘声绘色，尽管这个满头杂乱卷发、面容冷酷彪悍的老鸨形象会让很多怀念她甜蜜笑容的人大为感伤。1973年，她出演了《威尼斯疑魂》，之后又拍摄了《魔种》，随后又在奇幻喜剧影片《上错天堂投错胎》出演女配角。在参演完1982年的《士兵归来》、1986年的《叱咤风云》和《玛莉小姐》后，朱莉选择了退隐，整整十年，她不再出演任何角色。1996年的电影《哈姆雷特》使朱莉·克里斯蒂重新回到了幕前。但她并不热衷于接拍太多的戏，又一个十年过去之后，她在导演的诚恳邀请下接下了《柳暗花明》一戏，并凭借此片勇夺2008年的奥斯卡影后。

朱莉·克里斯蒂是英国电影的传奇，她被阿尔·帕西诺称为“最有诗意的女演员”。她曾两次获奥斯卡最佳女主角奖，她的其他主要作品有：《梦幻岛》(2004)、《特洛伊》(2004)、《换妻游戏》(1997)、《叱咤风云》(1986)、《天堂可以等待》(1978)、《魔种》(1977)、《洗发水》(1975)、《威尼斯疑魂》(1973)、《疯狂佳人》(1967)、《华氏451度》(1966)、《春花秋月未了情》(1965)、《说谎的比利》(1963)等。

哈里森·福特

1942年7月13日，哈里森·福特出生在美国芝加哥市，父亲是一名爱尔兰天主教徒，母亲则是俄裔犹太人。1964年，他便来到洛杉矶，开始了他的好莱坞明星梦。

福特于1966年初登银幕，他陆续出演了一些可有可无的角色，在闲暇之余，福特还干起了做道具的木匠，由于手艺不错而收入颇丰。1973年，福特与导演乔治·卢卡斯首次合作，参加了《美国风情画》的演出，但并没有多少人注意到福特，他只好继续木匠的行当，一干就是9年。

直到1977年，福特时来运转。已是著名导演、制片人的乔治·卢卡斯推出了一部轰动全球的大制作影片《星球大战》，他大胆地启用了毫无知名度的哈里森·福特出演主角——太空走私船船长韩索罗。福特果然不负众望，他精湛的演技和英雄的形象成为这部里程碑式的电影中不可缺少的一部分。《星球大战》是一部改变了美国电影史的力作，也是改变福特一生的影片，福特由此开始青云直上。

1980年，福特出演了《星球大战》续集——《帝国反击战》，再次饰演韩索罗。1981年，福特接演了由史蒂芬·斯皮尔伯格导演、卢卡斯担任制片的《夺宝奇兵》,这部冒险片获得了非比寻常的成功，成为电影史上最卖座的电影之一。此后，福特又出演了《星球大战》第三集《杰迪归来》和“印第安纳·琼斯”系列的第二部《魔域奇兵》、第三部《圣战奇兵》。

1985年，福特在影片《目击者》中一改往日的英雄形象，扮演了一个颇有人情味的警察,福特对这一角色的全新演绎使他获得了第五十八届奥斯卡奖和金球奖最佳男主角两个提名。1993年，福特以51岁的“高龄”再次出演了动作片《亡命天涯》，这部怀旧惊险巨片火爆异常，成为当年美国影片票房之首，也创下了动作片男主角的年龄纪录。在1995年爱情传奇片《情归巴黎》中，福特充分展示了他迷人的绅士风采。这两部影片均获得了当年的金球奖提名。1997年，福特以《空军一号》再次创下个人票房首映纪录，在美国蝉连了数周的票房冠军。在1998年的《六天七夜》、1999年《驿动的心》两部文艺片里，福特大演爱情戏，激情不减当年，再度展现了影坛长青树的风采，成了最有观众缘的巨星。

福特从影至今30年，一直因深受观众欢迎而活跃在银屏，他创作了70余部影视作品，在电影史上最卖座的前30部电影中，福特一人包了7部，是有史以来最卖座的好莱坞影星。1985年他因电影《目击者》获得奥斯卡最佳演员提名。福特还因1995年的《情归巴黎》，1993年的《亡命天涯》，1986年的《蚊子海岸》，1985年的《目击者》获得当年度的金球奖提名。此外，他还因在动作片中取得的成就荣获第三届“金牛座世界特技奖”荣誉奖，美国电影学会终身成就奖，好莱坞星光大道“荣誉之星”等荣誉。

阿穆布·巴克强

阿穆布·巴克强出生在一个富裕的家庭，他的父亲是一个受人尊敬的印地语诗人。阿穆布曾经在舍伍德学院留学，毕业后，他曾在一家公司任管事，但他喜欢的还是电影事业。后来他终于选择离开了那家公司而进入了电影行业。很快，外形高大，沉稳，拥有精湛演技的他受到了观众的欢迎。

巴克强第一次涉足影视是在20世纪70年代。第一次使大家开始注意到他的是在70年代演出的浪漫角色。1975年巴克强拍摄的《怒焰骄阳》一度成为宝莱坞的一枚重磅炸弹，使他成为人们关注的焦点，巴克强在翻拍的影片中重新演绎了印度电影史上最著名的恶棍。原版的《怒焰骄阳》讲述了一名曾经是小偷的雇用杀手，如何使印度北部的一个村落免受强盗头子贾巴尔·辛格带领的一群强盗洗劫的故事。在新版的《怒焰骄阳》中，巴克强饰演的是一名被通缉的孟买黑手党成员。

1982年和2005年，巴克强遭遇了两次重病的侵蚀，所幸的是他最终战胜了病魔。上世纪90年代晚期巴克强退出影坛，而后成为印度智力竞猜节目的主持人，并取得了巨大的成功。2006年，巴克强出演了宝莱坞历史上一部最为叫座的影片——卡伦·乔哈尔主刀的《永不说再见》，他成功地塑造了老花花公子“性感”的山姆”这一形象。

在2002年英国广播公司的一次网络调查中，巴克强以领先于英国两位传奇影星劳伦斯·奥利维尔和亚历克·吉尼斯的票数，无可争议地当选为有史以来最受欢迎的电影偶像。巴克强在2005年接连拍摄了《黑色》、《与时间赛跑》、《印度教父》、《班迪与巴卜莉》，这四部影片全都叫好又卖座，票房总收入近十亿卢比 (2300万美元)。

从影多年的阿穆布，被影迷们亲切地称为“大B”。他在近40年的电影生涯中,共出演了160多部电影，获过很多奖，他扮演过叛逆者、走私犯、警员等各种类型的人物。为印度电影和整个世界电影界都做出了杰出的贡献，受到印度人民乃至全世界人民的喜爱。在他演出过的多部电影中，有我们熟悉的《花无百日红》、《绝不回头》、《情字路上》等等。在第九届孟买学院奖揭幕仪式上， 64岁的巴克强被授予印度电影行业全球特别奖。

同年，法国政府宣布将国家最高公民荣誉授予阿穆布·巴克强，授勋时间定在一个极有纪念意义的时刻——巴克强的64岁生日。法国大使馆一名发言人表示，“巴克强能够获此殊荣，归功于他对印度和国际文化事业所做出的巨大贡献。”国家最高公民荣誉的颁发开始于1802年，目的是表彰那些在文化、科学、工业或军事领域取得杰出成就的人士，无论是法国公民还是外国公民,都有机会获此殊荣。

克里斯托弗·沃肯

克里斯托弗·沃肯出生于美国纽约，原名罗纳德·沃肯。父亲是位面包师，他少年时代就立志当演员。16岁那年，他便首次登上百老汇舞台，在名导艾利亚·卡善的《JB》中担任角色。沃肯后就读于奥弗司特勒大学英文系。从1963年起，沃肯投身于剧坛，并改成现在的艺名。他先后演出了《冬狮》、《玫瑰纹》等剧，并获得了戏剧评论奖最佳男演员称号。1971年，沃肯第一次在影片《安德森的录音带》里担任配角，从此走上银幕。这位演员身材细长，头发与眉毛均淡黄色，脸上透射一种宁谧的心境。所以，沃肯一开始专演文质彬彬的青年，如在《下一站格林威治村》里的诗人。之后，这位奖主还拍了《天堂之门》、《黑狐大行动》、《灵异杀机》等影片。20世纪90年代沃肯出演了《黑道皇帝》、《致命浪漫》、《低俗小说》、《捕鼠记》、《断头谷》等风格各异的影片，沃肯扮演的配角个性十足，表演极富魅力，令人过目难忘。进入新世纪以来，他多在好莱坞喜剧大片中担任角色，发挥其幽默的本领逗人开怀。

克里斯托弗·沃肯最著名的就是创造了一些影史上的经典角色，像在东尼·史考特执导的《绝命大煞星》中的“文森索·卡卡提”一角，在《自杀之王》中的“卡罗波·多露奇”一角，在《断头谷》中的“无头将军”一角、在《蝙蝠侠归来》中的“马克斯·史莱克”一角。克里斯托弗·沃肯饰演的《无头骑士》中的骑士，为了让自己更凶残而把牙齿削尖，作为雇佣兵不是去赚钱而是以杀人为乐。他尖尖的獠牙，睁大的双眼，无血色的脸仿佛是从地狱来的恶魔。而他在《蝙蝠侠归来》中所扮演的野心家马克思又给人一种阴沉狠毒的感觉。这一热一冷，一外一内把他所演的坏人都刻画得入木三分。他拍片态度严肃，艺术上精益求精，是美国优秀的演技派明星。1978 年克里斯托弗·沃肯获得了第五十一届奥斯卡最佳男配角奖，后来还获得了第七十五届奥斯卡最佳男配角提名。

2004 年，经验丰富的 61 岁演员克里斯托弗·沃肯将自己的手印和足迹印在了“星光大道”上，在好莱坞留下了自己永恒的印记。

在反战的《猎鹿人》一片里，他一反戏路，改饰一个被战争摧残得丧失理智的精神分裂症者——尼克。尼克原是一个豪爽的钢铁工人，来到越南战场上以后，被那里的残酷景象吓坏了，他的精神吓得完全崩溃，连美国也不愿回，在西贡的赌场上表演“俄罗斯轮盘赌”式自杀。这时沃肯表演的尼克，脸上没有一点儿血色，只有麻木不仁的表情。由于出色的表演，沃肯获得了奥斯卡奖最佳男配角奖，他所塑造的角色尼克是“受战争创伤的美国青年一代的化身”。

罗伯特·德尼罗

罗伯特·德尼罗的父母都是画家，父亲还是一位雕塑家兼诗人。16 岁那年，他由于参加了查克霍夫的《熊》一剧的巡回演出而获得了他的第一份收入，并从此开始了长达 15 年的巡回演出生涯。

德尼罗首次走上银幕是 1963 年参与拍摄布莱恩·德帕尔马执导的影片《婚礼聚会》。该片反应平淡，但德尼罗还是凭着他独特的气质引起了电影界的注意。让他在好莱坞崭露头角的影片是 1973 年拍摄的《鼓声轻擂》，他在该片中扮演一名垂死的棒球手，德尼罗凭借对角色的准确把握和精彩演技一举夺得当年纽约影评人奖的最佳男主角奖。1974 年，德尼罗出演由弗朗西斯·福特·科波拉导演的《教父 II》。由于对青年维托·科里昂的成功塑造，使德尼罗不仅为自己赢得了“马龙·白兰度接班人”的美誉，而且还荣获当年的奥斯卡最佳男配角奖，这奠定了德尼罗超级巨星的地位。之后，他又在《愤怒的公牛》一片中再度展示其超凡演技，他饰演的老拳击手雅凯·拉莫塔为他赢得了奥斯卡最佳男主角的殊荣。

从 90 年代中期起，德尼罗开始尝试着拓宽自己的戏路，但并不顺利。他在影片《我们不是天使》和《福兰肯斯坦》中的演出曾一度招致一些影评人的批评，后来推出的《爱好者》一片也引来了无数的倒彩。但德尼罗并不气馁，仍孜孜以求，不断创新。近几年，他的几部新片颇受好评，使人们得以重睹德尼罗的风采：在 1995 年推出的影片《热力》和《赌场风云》中德尼罗对反派角色复杂而又细致的刻画简直炉火纯青，而 1996 年推出的《沉睡者》和《马文的房间》则显示出他在塑造善良、平实人物时所具备的天赋。1997 年的《杰克·布朗》和《摇尾狗》更是展示出德尼罗全面的表演才能。虽然 1998 年的名著大片《远大前程》似乎不尽人意，而恐怖片《罗宁》好像也有未命中目标之嫌，但德尼罗仍不放弃对各种不同角色的探索和实践，并经常为演好每一个角色付出超乎寻常的努力。他对艺术一贯的认真和执着，使他成为当代美国影坛最具影响力和最受欢迎的演员之一，德尼罗被公认为美国演员中演技派的代表人物。

罗伯特·德尼罗从影 40 余年，拍摄了《正当杀戮》、《美国往事》、《教父三部曲》等百余部影视作品，获得了 1981 年奥斯卡最佳男主角奖，1975 年奥斯卡最佳男配角奖，2003 年美国电影学院终身成就奖，2000 年圣塞巴斯蒂安电影节终身成就奖，1993 年威尼斯电影节终身成就奖等多项荣誉。在演戏之余，德尼罗也时刻不忘拓宽工作领域，他导演的作品《特务风云》、《大买卖》、《布朗克斯的故事》也获得了人们的广泛认同和好评。

迈克尔·道格拉斯

迈克尔·道格拉斯于1944年9月25日出生于美国新泽西州的一个电影之家，其父是鼎鼎大名的库克·道格拉斯。年幼的道格拉斯从小就在父母的熏陶下具有了很好的电影素养。当道格拉斯就读于加利福尼亚大学时，他就在圣芭芭拉艺术学校学习，后来又在纽约的美国大剧院等地进修。

迈克尔·道格拉斯首拍的影片是《欢呼，英雄》。1972年，他攻读研究生毕业后拍了警匪电视片《旧金山大街》，以其英俊潇洒而彬彬有礼的风度颇受影迷的青睐。他酷爱编剧，在看了《飞越疯人院》的小说后，就决定要把它变为电影。这部描写精神病院的影片大获成功，有1.8亿多美元的票房纪录。此后，他先后参加了《中国综合症》、《尼罗河宝藏》和《玫瑰战争》等影片的编导工作，受到了影评界的一致好评，被称为是“电影奇才”。道格拉斯真正的表演生涯开始于20世纪80年代，在《致命的诱惑》中，他饰演了一个可爱、可悲又可恶的形象，得到了人们的普遍好评。该片中的角色不仅受到观众欢迎，也是他本人最钟情的。他表示：“我对有缺点的人们非常有兴趣，他们的黑暗面、堕落的人性都是我想去扮演的原因，我对人类原始的真实面貌特别关心。”由于对角色的把握恰到好处，道格拉斯开始走红影坛。在不久后的《华尔街》一片中，他饰演了幕后操纵股票市场的阴险毒辣、唯利是图的大资本家——戈登·盖柯这一角色。他把角色的性格表现得入木三分，该片成为他表演生涯的一块里程碑。

之后，道格拉斯开始全面出击，充分地展示了自己的表演才能。在《本能》、《美国制造》、《桃色机密》、《白宫情缘》、《暗夜猎杀》、《完美的谋杀》等影片中他都有上乘的表演。2000年迈克尔·道格拉斯和比他小24岁的英国女星凯瑟琳·泽塔·琼斯结婚。从1969年推出第一部电影后，迈克尔·道格拉斯在好莱坞的霸主地位可以说是纵横影坛数十年而不倒。1976年他因担任《飞跃疯人院》的制片人获奥斯卡最佳影片奖，跃居为好莱坞的名制片人。1988年道格拉斯因在《华尔街》一片中的精彩表演获得奥斯卡最佳男主角奖、金球奖最佳剧情片男主角奖，声誉达到高峰。2006年6月21日，迈克尔·道格拉斯携爱妻凯瑟琳·泽塔·琼斯亮相安德鲁斯大学，接受学院颁发的荣誉博士学位，以表彰他对电影事业做出的杰出贡献。

苏珊·萨兰登

苏珊·萨兰登1946年出生在美国新泽西州的安迪生镇。17岁那年，苏珊终于如愿以偿地考入了华盛顿天主教大学，其后，她结识了一心想成为演员的克里斯·萨兰登，并与他结为夫妻。毕业后，这对小夫妻来到纽约。1970年，克里斯到一家电影机构去试镜，便带上妻子一起，没想到苏珊也被星探相中，在影片《乔》中获得了扮演一个被父亲杀害的女儿角色的机会。事后她回忆说："进入电影界就好像老天开了一个玩笑。"几部作品过后，苏珊开始显露表演才华。

1975年，苏珊在电影《落基恐怖电影》中扮演女主角——一位娇羞的处女。此片推出后备受称赞，她也因此一举成名。路易·马勒是法国大名鼎鼎的导演，他也被苏珊这位骤然升起的新星所吸引，力邀她在自己的影片《漂亮女孩》中扮演一名雏妓的母亲，这部作品后来在世界影坛引起轰动。

此后，苏珊·萨兰登与路易·马勒再度合作，拍摄了《大西洋城》一片。戏中，她演绎了一位令人神魂颠倒的酒吧女郎。为此，她获得了奥斯卡最佳女主角奖提名。1991 年，苏珊应导演路易斯·曼多基之邀，与詹姆斯·斯派德合演了《白色宫殿》一片。戏中，苏珊把一位敢爱敢恨的半老徐娘演得入木三分，并因此获金球奖女主角奖提名。而 1995 年拍摄的《死囚散步》一片也是她的代表作之一。

《死囚散步》是根据作者海伦·普蕾琼的亲身经历撰写的小说而改编的。看过这本书后，苏珊·萨兰登被书中人物海伦深深吸引。后来，苏珊与第二任丈夫蒂姆·罗宾斯将这部作品搬上了银幕，她出演女主角海伦，蒂姆担任导演。为拍实景，苏珊去新奥尔良郊外的一所监狱呆了一个星期。由于功夫下得深，再加上演技精湛，苏珊塑造的海伦一角给观众留下了深刻印象。

如日中天的电影生涯并没有让苏珊放下她最关心的各种全球问题和政治问题。她致力于推动解决妇女问题，解除饥饿以及帮助艾滋病患者。

在 30 年的演艺生涯中，苏珊演过 60 部以上的电影和电视片。她在《大西洋城》等三部影片中的演出使她获得了奥斯卡金像奖提名。1995 年，苏珊因演出《死囚散步》一片而获得奥斯卡影后。

阿诺德·施瓦辛格

1947年，阿诺德·施瓦辛格出生在战后奥地利的一个普通家庭里，父亲是一位警长。幼年时的施瓦辛格有三个梦想：当世界上最强壮的人、电影明星和成功的商人。年轻时一位欧洲商人曾邀请·施瓦辛格到他美国的豪宅一游。美国一游，在施瓦辛格的心里燃起了一股无法扑灭的火种。他决心要到南加州，也就是当时的“健身圣地”定居。他的热忱与天分，得到了美国健身界“教父”韦德尔的赏识，并让他在南加州接受训练。

1966年，19岁的施瓦辛格获得了健美的“欧洲先生”的称号。此后，他几乎包揽了所有的世界级健美冠军。包括5次“宇宙先生”，1次“世界先生”，7次“奥林匹亚先生”。1997年，国际健美联合会授予他“20世纪最优秀的健美运动员”

金质勋章。从健美界退役后，他开始写健身书，并运用自己的经济头脑投资房地产。

施瓦辛格在健美界频频夺冠时，便曾被人邀请去拍过电影。退役后，他全身心地投入到电影事业中来。从1970年他拍摄《大力神在纽约》开始，至今已主演近20部动作片，在全球影响极广。其中最成功的影片是《魔鬼终结者2》，该片使他成为全球收入最高的演员。更难得的是他为拓宽戏路还出演了几部喜剧片，依然大获成功。这也是其他动作片明星所无法比拟的。此外，他还出席电视节目，向全国各地的人讲解健康的秘诀并开设健身班。施瓦辛格还很关心儿童的成长等社会问题，后来又成功竞选成为加州州长。他已经成了美国大众文化的代表，美国人的偶像。

在好莱坞主流影星中，施瓦辛格是唯一一位半路出家的演员，他在其他领域的建树同样引人注目。他的那种百折不挠、坚忍不拔的意志，贯穿了他在各个时期的奋斗历程，他那股永远向上的精神令人钦佩。

作为影人，施瓦辛格是好莱坞最走红的明星，作为健美人，他早已成为各项赛事当之无愧的王中之王，作为从政者，他也是美国政界的耀眼新星。他的电影代表作品有：《王者之剑》、《终结者》、《终结者2》、《终结者3》、《真实的谎言》、《第六日》、《魔鬼末日》、《宇宙威龙》、《真实的谎言》、《孕夫》、《龙兄鼠弟》、《幼稚园特警》等。

塞缪尔·杰克逊

塞缪尔·杰克逊于 1948 年 12 月 21 日出生在美国华盛顿，自小在田纳西长大。高中毕业后，他进入位于亚特兰大的摩尔浩斯学院读建筑，后来才转到了戏剧系，毕业时获得戏剧艺术学士学位。

毕业后，塞缪尔·杰克逊怀着理想到纽约独闯天下，寻找演出的机会。1972 年，塞缪尔出演了几部电视剧，80 年代末他在斯派克·李早期的影片《学校万花筒》、《为所应为》、《爵士风情》中演过角色。在影坛摸爬滚打 20 年后，1981 年，大器晚成的塞缪尔出演了《丛林热》中那位嗑药成瘾的流浪汉，并因此受到公众瞩目，也为他得到了生平的第一个奖——戛纳影展最佳男配角奖，他同时也是戛纳的第一位黑人男配角奖获得者。

1994年，塞缪尔出演了他影艺生涯中最重要的电影《低俗小说》，因为在片中的精彩表现而获得奥斯卡金像奖与金球奖最佳男配角提名，并获得英国电影电视学院所颁发的最佳男主角奖。同年，他和大卫·卡罗素、尼古拉斯·凯奇合演了《死亡之吻》，并赢得了广泛好评。1995年的卖座强片《终极警探Ⅲ》是他和布鲁斯·威利斯联袂演出。1998年他又与凯文·史派西在《王牌对王牌》中演对手戏。同年，杰克逊因为《仲夏夜玫瑰》和《危险关系》分别获得一项独立精神奖和柏林电影节银熊奖。而2000年的《黑豹》才是他的第一部真正意义上主演的电影，杰克逊的表演真实可信，因此受到了评论界和观众的好评。尤其需要提及的是塞缪尔·杰克逊在《虎胆龙威第三集》里的表现，在这部群星荟萃的影片中，他饰演了一位来自哈林区的电器技师，正是凭借在此片中的出色表现，令他成为银幕上的黑人英雄偶像，自此以后他接拍的电影也渐以警探、军人等英雄人物居多，其中包括《特警雄风》及《航班蛇患》等。2007年，新线公司指定塞缪尔·杰克逊为其新作《推摇篮的男人》中的男主角。

塞缪尔·杰克逊从影近40年，参演了《深海狂鲨》、《星战前传1：幽灵的威胁》、《不死劫》、《星战前传2：克隆人的进攻》、《极限特工》、《杀死比尔：第2卷》、《星战前传3：西斯的复仇》等百余部广受欢迎的影视作品，为黑人演员在好莱坞奋斗树立了一面旗帜。

杰拉尔·德帕迪约

出生于1948年的杰拉尔·德帕迪约身高1.80米，曾经是一个失足少年，整日在大街上游逛。后来，他参加了一个名为"火车站咖啡馆"的剧团的巡回演出，同帕特瑞克·德瓦尔和一个艺名为"喵喵"的演员合作，从而走上了演艺的道路。杰拉尔·德帕迪约从1967年开始演戏，获得各种荣誉无数，包括一次戛纳电影节影帝，一次威尼斯电影节影帝，一次奥斯卡最佳男主角提名，还有14次恺撒奖提名并赢得其中两次。他的代表作包括《警察》、《恋恋山城》、《大鼻子情圣》、《绿卡》、《最后一班地铁》等。近年，德帕迪约逐渐转变戏路，以喜剧电影为主，陆续演出了《下岗风波》、《你闭嘴》等卖座喜剧片。

息影之后的德帕迪约转战其他文化行业，他在法国蒙比利埃广播节上主演过一出歌剧，德帕迪约说，他喜欢歌剧、音乐剧和实验话剧，希望息影后能有时间和精力参与这些现场演出。1996 年，德帕迪约终于作为一名硕果累累的演艺界巨星获得了由法国政府颁发、代表法国最高荣誉的“骑士勋位勋章”。杰拉尔·德帕迪约的妻子是伊丽莎白·德帕迪约，两人曾在电影中合作。他们拥有一个儿子和一个女儿，儿子纪尧姆·德帕迪约也是一名演员。

杰拉尔·德帕迪约可谓是当今法国最具实力的男影星之一。不管是他演的历史剧还是喜剧，都能吸引来自各个阶层的观众为他拍手叫好。他并无俊俏的外表，但却成为欧洲最多产的电影明星。他擅长表演各种人物类型，其表演饱满，具深厚的爆发力。每年都有数部作品推出，其中不乏大量佳作。

梅丽尔·斯特里普

梅丽尔·斯特里普于1949年6月22日出生于美国新泽西州一个叫萨米特的小镇上，在童年的时候，梅丽尔的母亲就教她演唱。中学毕业后，梅丽尔曾经在耶鲁大学学习戏剧表演。在学校学习期间，她积极参加各种演出，尝试各种角色。

1977年，她初登银幕，只是在影片《朱丽娅》中扮演一个小角色，但她所具有的巨大的潜力立刻被导演看中。第二年，她得以出演了反映越战的影片《猎鹿人》。她对角色的心理把握得极为出色，为此她获得了生平第一次奥斯卡最佳女配角奖提名。1979年，她出演了《乔·泰南的引诱》、《曼哈顿》、《克莱默夫妇》三部影片，获得了纽约影评协会的最佳女演员奖，而《克莱默夫妇》一片又使她获得了奥斯卡最佳女配角金像。1981年她主演了美国影片《法国中尉的女人》，在片中她饰演了两个完全不同的形象。梅丽尔·斯特里普在1982年拍摄的影片《索菲的选择》引起了社会的巨大轰动，她也因此赢得了奥斯卡最佳女主角奖。70年代末到80年代是梅丽尔·斯特里普事业上的黄金时期，在影片《西尔克伍德》中，她饰演了一个进行反核斗争的普通女工；在影片《走出非洲》中她扮演了一位在异国屡受挫折的女作家，并因此再度获得奥斯卡奖提名；在影片《黑暗中的呐喊》和《寄自边缘的明信片》中她又取得了较好的票房成绩。

进入90年代，她受到年龄的影响而逐渐减少片约，但她主演的影片仍然是质量和票房的保证，如1994年她参拍了《狂野之河》；1995年她与克林特·伊斯特伍德合作了浪漫爱情片《廊桥遗梦》；1999年斯特里普主演了影片《心灵的音乐》，她在影片中扮演一个教导学生的音乐女老师，该片使斯特里普的名字再次出现在奥斯卡提名名单上，这也是她第12次获得此奖项。她现在与凯瑟琳·赫本一起成为获得奥斯卡奖提名最多的演员。

斯特里普的银幕魅力早已超越了国界和种族，她的表演受到全世界观众的认同，在日本观众评选出的20世纪最佳女明星中，斯特里普名列第五，评语是“自然亲切，好像就生活在我们身边”。

梅丽尔·斯特里普曾经13次获得奥斯卡奖提名（其中10次是最佳女主角提名，3次是最佳女配角提名），两度获得奥斯卡奖——最佳女配角奖和最佳女主角奖。

2008年4月，梅丽尔·斯特里普在纽约的美国林肯中心电影协会被授予荣誉大奖。林肯中心电影协会的主席则对斯特里普赞赏道："她在银幕上塑造了诸多光芒四射的人物形象，你总能感受到其敏锐的智慧以及非凡的见识。她能真正化身自己扮演的每一个角色。"

西格妮·韦弗

西格妮·韦弗 1949 年 10 月 8 日生于纽约，父亲是著名的电视制片人。1961 年，西格妮进入一所女子学校读书，因为个头明显比班上大多数同学要高很多，所以经常被同学们取笑，但这也形成了她大方、开朗的性格。

1963 年，她在《了不起的盖茨比》中扮演西格妮·霍华德一角。此前，她已经在学校戏剧作品《仲夏夜之梦》中演过女主角。1971 年西格妮申请前往耶鲁大学戏剧学院深造。耶鲁大学毕业后，西格妮认真开拓自己的舞台表演事业，但身高问题仍然阻碍着她的发展。1979 年到 1981 年间，她和克里斯多弗·杜拉合作创作了戏剧并一连主演了两季，开始引起人们关注。

1977 年，西格妮在伍迪·艾伦执导的《安妮·霍尔》一片中有一个露脸 6 秒钟的镜头，突然引起很多人的注意，从此她开始有机会更多地接触电影。1979 年西格妮在《异形》中饰演了“太空英雄雷普利”，这使她一夜间成了明星，并因此获得英国电影奖提名。1982 年她主演的《危险年代》一片在澳大利亚取得极大成功。1984 年 10 月 1 日，西格妮和拍拖近一年的吉姆·辛普森结婚。1986 年西格妮·韦弗参演的《异形续集》取得轰动性成功，西格妮因此获得金球奖和奥斯卡双料提名。之后，西格妮进入自己电影事业的多产期。这里，不能不提到影片《雪饼》，这部讲述爱情、亲情的温馨影片具有很好的口碑。

西格妮主演过多部著名影片，但是要让她说出自己最喜欢哪一部，她却觉得就像要一个母亲选择最喜欢自己的哪个孩子一样难。不过她还是提及了让她印象最深刻的一部电影——《丛林迷雾》，该片曾获奥斯卡最佳女主角提名。西格妮在其中出演了一个和大猩猩生活了 18 年的女科学家。

虽然西格妮的电影事业取得了很大的成就，但对她来说没有什么比家庭更让她眷恋。西格妮的丈夫经营着一家剧院，和西格妮也属同行，他们都对戏剧表演充满了热爱。“我有个很好的老公，我希望可以不用经常拍戏，那就能多陪陪家人，我的女儿也是个很有耐心的姑娘，对我的事业很支持，我觉得我的家庭比我的工作更重要。”

西格妮的其他主要作品包括：《世界地图》、《银河追缉令》和《打工女郎》等。她曾先后获得奥斯卡最佳女主角和最佳女配角等多项提名。其实，西格妮在国际影坛上属于大器晚成，早年她一直都致力于舞台戏剧的演出，但是她觉得一切来得并不晚。如今的西格妮，虽然已经50多岁，却仍然是好莱坞令人瞩目的才艺女星，保持着世界级美人的称号。

罗宾·威廉斯

罗宾·威廉斯 1952 年 7 月 21 日出生于芝加哥。他曾想成为外交官，为此，他进入了洛杉矶附近的克莱蒙特男子学院，学习政治学。然而没过多久，他却迷上了演戏，于是转入著名的纽约朱莉亚学院，并得到了奖学金。在完成学业后，他到旧金山的一些酒店卖艺。

1973 年他来到纽约，参加了几次电视表演，其中在《幸福的日子》中客串的一角令导演欣赏。为此，他得到了《莫克与明迪》中那个外星人的角色，这个和蔼可亲的外星人形象使罗宾·威廉斯走红美国与欧洲，大受观众欢迎。

1980 年，罗宾·威廉斯涉足电影圈，在处女作《波皮》(又译《大力水手》) 中，他演绎卡通人物波皮，给人印象深刻。此后，罗宾·威廉斯又连续主演了《哈得逊河丘的莫斯科》、

《幸存者》等影片。美国《时代》周刊称赞他的表演“非凡的复杂……他的俄国腔调令人惊愕，怪里怪气，却真实可信。”一段时间以来，罗宾·威廉斯的表演天赋都被他那独辟蹊径、自由发挥且想象丰富的喜剧片子所埋没，观众一直仅仅把他视为普通的喜剧影星。直到《早安，越南》上演，罗宾·威廉斯才真正以演技派明星的身份受到人们的瞩目。

《早安，越南》于1987年拍摄，戏中，罗宾·威廉斯扮演美国驻越南军事电台的播音员。他高超的演技在观众面前发挥得淋漓尽致，足以证明他可以胜任任何严肃题材的影片，出演各种类型的角色，这部片子也为他赢得了一座金球奖的最佳男主角奖杯，并令他首次获奥斯卡奖提名。美国《每日邮报》评论说：“罗宾·威廉斯终于演出了他的影艺生涯的代表作。”

罗宾并非只有喜剧角色这一种形象，他曾获得三次奥斯卡奖提名，但都不是喜剧形象，他曾凭借《心灵捕手》获得了第七十届奥斯卡最佳男配角奖。在《睡人》中他扮演了一个患有沉睡症的病人；在《窈窕奶爸》中他扮演了一名为了接近儿女而不得不装扮成女保姆的父亲；在《野蛮游戏》中，他又成为在魔幻世界中与各种危险斗争的勇士。他拍摄了50余部电影，创造了很多生动丰富而有特色的银幕形象。罗宾积极开拓了喜剧电影的内涵，向社会现象和人生的深层挖掘，将喜剧与幽默提高到一种讽刺与嘲笑，揭露与警世的高度。在《家有杰克》一片，罗宾饰演了10岁的孩子，却有40岁成年男子的外貌与身材，这种内容与形式的矛盾不可避免地具有喜剧效果，但在欢笑之后，人们不禁要思考一个严肃认真的问题，那就是怎样对待和利用每一个人的生命。毋庸置疑，罗宾在美国影坛的位置是独特而不容替代的。

约翰·马尔科维奇

约翰·马尔科维奇生长在煤矿业发达的美国小镇本顿。他的家族在当地很有名，不仅旗下经营着一份报纸，而且他的父亲还是一本环境杂志的主编。有人将这个家族称作是“小镇上绝无仅有的一个”，约翰·马尔科维奇注定是要在这个家族里诞生的。约翰·马尔科维奇后来考入了伊利诺伊大学戏剧系，1976 年他毕业后就加入了一个剧团，从此就被戏剧的魔力深深地吸引了。1982 年，他与剧团带着新作《真实的西部》来到纽约，并凭借该剧赢得一座欧比奖，他接下来的重要作品则是于 1984 年在纽约与金奖影帝达斯汀·霍夫曼合演的经典名剧——《推销员之死》。该剧于一年后被拍成电影，马尔科维奇也以该片赢得一座艾美奖。同年他则和金奖影后莎莉·菲尔德演出了自己的银幕处女作《我心深处》，并以该片入围奥斯卡奖最佳男配角奖，同年他也出演了金奖名片《杀戮战场》。他最为人知的作品是《危险关系》。1993年他则以《火线大行动》一片入围奥斯卡奖及金球奖。1990年约翰·马尔科维奇又拍摄了《遮蔽的天空》一片，一方面，这部由意大利导演贝托·鲁奇执导的文艺片让他有了施展才华的机会，另一方面，因为影片是文艺片，所以它所吸引到的观众寥寥无几。从那以后，他就变得很低调，极少扮演主角，并再也没有出现在任何一部美国电影中，直到加入《傀儡人生》剧组，这是一次前所未有的挑战，因为他在片中扮演他自己。

作为一名出色的演员，约翰·马尔科维奇在数十部影片中塑造了众多神采各异的角色，如今他已经成为了一名导演。约翰·马尔科维奇是当代电影界最重要的演员之一。

约翰·马尔科维奇曾与影坛最优秀的导演合作了多部影片，包括史蒂芬·斯皮尔伯格的《太阳帝国》、贝多·鲁齐的《遮蔽的天空》、兰道·华勒斯的《铁面人》、史派克·琼斯的《变脑》、伊里·亚斯默·海吉的《我和吸血鬼有份合约》、莉莉安·卡瓦妮的《魔鬼雷普利》。他的电影作品还有《在云端上的情与欲》、《空中监狱》、《赌王之王》、《圣女贞德》、《兰花贼》等。2007年，美国著名演员约翰·马尔科维奇在希腊塞萨洛尼基国际电影节上被授予了电影节的最高奖项——金亚历山大奖。

汤姆·汉克斯

汤姆·汉克斯于1956年7月9日出生于美国加利福尼亚州奥克兰市。他5岁时，父母离异，他由父亲抚养长大。由于频繁地转学和更换住址，成年后的汉克斯很不愿提起他并不美满的童年。但也正因为如此，生活使他学会用一种乐观积极的态度去面对人生。他顺利地考入了加利福尼亚州大学，在大学读书期间，他发觉自己对表演产生了浓厚的兴趣。毕业后，汉克斯到纽约寻求演艺事业的发展。

1979年，他获邀在一部低成本电影《他知道你孤独》中扮演角色，迈出了他演艺生涯的第一步。不久，他搬到洛杉矶并主演了电视连续剧《红妆小子》、《迷宫与怪兽》等。1984年汉克斯担纲演出由迪斯尼公司制作出品的《美人鱼》大获成功，从此他开始走上成名之路。1988年，汉克斯领衔主演了电影《飞向未来》，为此他一举获得包括奥斯卡、金球、学院、纽约电影批评家等四个奖项的最佳男主角提名奖。

汉克斯将自己对生活的体验与理解渗透在表演之中，继《虚荣的篝火》与《红粉联盟》两部影片获得成功后，汉克斯主演的电影《西雅图夜未眠》再一次向观众展示了他真正的喜剧天才与成熟演技。他扮演的父亲形象征服了全美的观众，影片好评如潮，奠定了汉克斯在演艺生涯中的明星地位。

汉克斯善于用属于自己的风格，赋予角色新的内涵。在《费城》中，他饰演一位同性恋律师因患艾滋病而受到不公正待遇，但主人公却能勇于面对，坚持斗争，并最终取得胜利。影片公映后，引起巨大社会反响，而他本人也成为众人瞩目的焦点，成为第六十六届奥斯卡影帝。第二年，他又因出色地扮演了影片《阿甘正传》中的残疾人而再次获得奥斯卡最佳男主角金像奖，成为继史宾塞·屈塞后，第二位连续两届获得奥斯卡最佳男主角奖的演员。1995 年，为纪念美国航空史上“虽败犹荣”的奇迹，汉克斯出演了纪实巨片《阿波罗 13 号》，他再次拓展了角色的内涵，将历史的英雄再现银幕。1996 年，汉克斯开始涉足新的领域，这一年他自编、自导、自演了影片《那是你干的》，充分展示了他在艺术创作领域的才华。1999 年，由著名导演斯皮尔伯格执导的影片《拯救大兵瑞恩》给汉克斯带来了新的荣誉——第七十一届奥斯卡最佳男主角提名奖，更让人们看到了一个演技日趋成熟的影帝形象。

汤姆·汉克斯天生一张娃娃脸，极富喜剧感，加上细致生动的演技，无论什么角色，一经他的演绎，就变得有血有肉，令人难以忘怀。他从影30年，拍摄了《查理的战争》、《达·芬奇密码》、《幸福终点站》、《荒岛余生》等40余部影片，曾于1993、1994年两度获得奥斯卡最佳男主角奖。

金·凯利

金.凯利是家庭中 4 个孩子中最小的一个，父亲是个并不成功的音乐人。少年时的凯利只能放弃读书而帮助家庭维持生活，现实使他看清了世态的炎凉。15 岁时他在父亲的帮助下在多伦多一家喜剧俱乐部表演，后来来到洛杉矶参加了《滑稽商店》的演出。到了 1981 年，凯利已成为一个可以独自制作节目的喜剧演员，他将生活的真实感融入到喜剧表演中，令幽默诙谐之中充满了一种讽刺嘲笑的内涵。后来凯利在《生动的颜色》这个电视节目中取得了成功，成为全美上下人人皆知的笑星。

1995 年，凯利参加了《蝙蝠侠》Ⅲ的演出，他饰演了阴险、恶毒、伺机向蝙蝠侠复仇的发明家“解迷人”伊艾活。他的表演没有一处不令人发笑，他把内心的情绪全部通过面部的细致但却准确夸张的表情展现出来，把恶人演到了极点。在完成了这部电影之后，凯利又投入到《艾斯·文图拉：自然的召唤》的拍摄中，凯利的表演又一次令人大开眼界，笑破肚皮。1996 年，由他主演的影片《王牌特派员》也获得了很大的成功，此时，他的片酬已达到了 2 000 万美元。1997 年，凯利又主演了影片《大话王》，他在片中出色的表演再一次将他无厘头的喜剧风格推向顶峰。1998 年，由凯利主演的影片《楚门的世界》可谓是他表演风格的一次转变。凯利在片中并无太多的夸张表演，他将一个几乎可以说得上是带有悲剧色彩的人物刻画得十分传神。虽然片中的“杜鲁曼”同生活中的凯利一样是一个备受全世界关注的“大人物”，但凯利却着重于刻画角色在生活中作为普通人的另一面。将一个小人物的喜怒哀乐、日常生活中的一举一动表现得惟妙惟肖。

《神探飞机头》、《阿呆和阿瓜》、《面具》、《神探飞机头续集》等喜剧片的出台，确立了金·凯利在观众心目中的王牌喜剧明星的地位，他那张表情丰富的脸，那变化无穷的五官简直令观众着迷。著名导演彼得·威尔（曾执导《加里波底》、《危险年代》、《证人》等片）甚至租了《神探飞机头》回家看。

汤姆·克鲁斯

汤姆·克鲁斯的父亲是纽约的电气工程师，母亲是个话剧演员，家庭生活充满艰辛。他早年的愿望是做一名牧师，他曾在旧金山神学院进修一年，却最终选择了演员这一职业作为人生目标。他在高中时演出过一些戏剧，但很快便辍学去了纽约。

1981 年，在瓦格纳的推荐下，克鲁斯终于在布鲁克·谢尔兹的失败之作《无尽的爱》中获得了一个一闪即逝的小角色——一个十几岁的纵火犯。1986 年，描写美国海军战斗机飞行员的青春片《壮志凌云》大大巩固了克鲁斯的明星地位。克鲁斯在 20 世纪 80 年代末开始尝试一种当时非常流行的电影形式：老少配。就在《壮志凌云》大获成功的 1986 年，他与影坛宿将保罗·纽曼共同主演了《金钱本色》，由他饰演年轻气盛的桌球天才文森特，该片为保罗·纽曼带来了一尊奥斯卡金像；1988年，他在《雨人》一片中饰演“雨人”的弟弟查理；1992年，克鲁斯又与杰克·尼科尔森在法庭片《好人寥寥》中大唱对台戏，该片也获得了奥斯卡奖提名。此外，他在反战影片《生于七月四日》中还饰演了残疾越战退伍军人朗·科维克。尽管克鲁斯的勇气和演技已经经受了多次考验，但直到1994年仍有一些人无视他在严肃电影方面的成绩，固执地认为他不过是一个凭容貌取胜的演员。1994年，当《夜访吸血鬼》的小说作者安妮·莱丝获悉克鲁斯将出演根据这部小说改编的同名电影时，她曾撰文公开反对这一安排。但是影片公映后，她的态度却有了180度的转变。她在杂志上发表长篇文章，盛赞克鲁斯的吸血鬼莱斯泰特形象。“我认为克鲁斯之莱斯泰特会像劳伦斯·奥立佛之哈姆雷特一般永恒。”耗资六千多万美元的动作巨片《谍中谍》是克鲁斯由演员向导演迈出的坚实的第一步。而浪漫言情的《甜心先生》所获得的普遍好评则证明了克鲁斯在喜剧方面的潜力。1999年，克鲁斯转变戏路，与爱妻妮科尔·基德曼合作主演了斯坦利·库布里克的遗作——性爱题材惊悚片《大开眼界》，年末他又出演了保罗·托马斯·安德森的家庭伦理片《木兰花》，并因此获得奥斯卡最佳男配角奖提名。

汤姆·克鲁斯是21世纪好莱坞人人崇拜的典范：他早已跻身2 000万美元俱乐部；在票房成绩上他仅次于头发已然花白

的哈里森·福特；他拥有自己的制片公司；由他主演的《谍中谍续集》尽管评价一般，但仍然在2000年暑期掀起一场票房狂潮。

汤姆·克鲁斯所获奖项：获奥斯卡提名奖、最佳男配角《木兰花》（2000年）、最佳男演员《甜心先生》（1997年）、最佳男演员《生于七月四日》（1990年）。

金球奖：《最后的武士》（2004年获剧情类最佳男演员提名奖）、《木兰花》（2000年获奖最佳男配角）、《甜心先生》（1997年获喜剧/音乐类最佳男演员）、《生于七月四日》(1990年获剧情类最佳男演员)。

尼古拉斯·凯奇

尼古拉斯·凯奇 (原名：尼古拉斯·科波拉)，1964 年 1 月 7 日出生在美国加州的一个艺术之家，他的叔叔是以《教父》和《现代启示录》等片闻名于世的大导演弗朗西斯·科波拉。他 17 岁开始进入电影圈，为了不受叔叔名气的影响，改从他喜爱的作曲家约翰·凯奇的姓。1982 年，尼古拉斯初次在影坛露面，在《开放的美国学府》中扮演一个角色。次年他又出演影片《村姑》和《斗鱼》。1984 年，在名片《鸟人》中，凯奇担任了主角，充分展现了他那过人的演技，并开始为人们所瞩目，该片 1985 年获得了戛纳电影节评委会大奖。凯奇在该片中的表演受到了肯定，从此他开始走向成功。

20 世纪 80 年代,他在考波拉怀旧片的《苏裴锑结婚了》(1986) 中演出了一个年轻的摇滚乐手。在桑和约尔的喜剧

《上升的亚利桑那洲》（1987）以及戴维·林曲的《奥德赛》，和《疯狂的心》（1990）中，他吹奏的谷弗斯管再一次令人惊讶。在此后的几年里，他又拍了《棉花俱乐部》、《爱的召集令》、《忧郁男孩》、《佩吉苏要出嫁》、《抚养亚利桑那》、《月色撩人》等影片，在这些影片中他对不同的角色的处理都极见功力，均有着不错的表现。

1988年，他在影片《吸血鬼之吻》中扮演了一位纽约雅皮士，后来变成了一个吸血鬼。1990年他又演出了《火鸟出击》和《野性难驯》。《野性难驯》有着诡异强烈的影像风格及超现实的气氛，片尾凯奇身着蛇皮夹克站在滚滚车流之上演唱猫王名曲“Love Me Tender”一段更成了电影史上的一个经典场面。该片1992年获第43届戛纳电影节金棕榈大奖，成了凯奇创作的转折点。1995年对凯奇来说是至关重要的一年，他主演的《逃离拉斯维加斯》是一部成本仅有350万美元的小制作影片，但他那深入灵魂的表演却使他赢得了一尊金光闪闪的奥斯卡金像奖，该片使他成为最炙手可热的男明星之一。之后他转变戏路，向动作片进军。

1996年，尼古拉斯·凯奇主演的动作片《绝地任务》使他跃身成为全球的国际票房巨星，同时也证明了他的戏路相当宽广，是个货真价实的奥斯卡影帝。1997年他又以《空中监狱》和《变脸》雄霸暑期票房。尼古拉斯·凯奇在一夜之间成为了好莱坞又一动作派票房巨星。在这之后他出演了不少卖座影片，当然也没有放弃他钟爱的独立电影。

2007年《纽约邮报》统计出北美电影的票房成绩，尼古拉斯·凯奇凭借其主演的两部电影《灵魂战车》及《国家宝藏2》为美国影市贡献了约16.7亿元人民币的票房收入，成为年度票房之王。

朱莉亚·罗伯茨

朱莉亚·罗伯茨，1967 年 10 月 28 日出生于美国佐治亚州斯米尔纳的一个演员之家，哥哥是演员，母亲曾创办过一个编剧创作室。罗伯茨很快就成长为一个漂亮迷人的少女，中学毕业后她来到纽约寻找机会，并开始在一些低成本的电影中扮演一些角色。如《红血》、《满足》等，但此时的罗伯茨都是以美貌而不是以演技来吸引观众。直到在卖座影片《神秘的馅饼》中她饰演了倔强、性感的女招待才首次受到评论界的一致好评。之后《钢木兰花》一片使罗伯茨功成名就，她扮演了一个患糖尿病却与病魔不懈斗争的年青女子，为此她获得了金球奖最佳女配角和奥斯卡最佳女配角的提名。

1990 年她与李察·基尔合作主演了《漂亮女人》。影片讲述了一个轻松浪漫的现代的白马王子与灰姑娘的童话故事。罗伯茨出色地饰演了一个聪明、漂亮、热情、具有坚强个性的妓女维维安，该片得到了评论界的极高评价，真正使她跃上了明星宝座。随后，罗伯茨片约不断，并拍摄了大量的影片。她开始尝试一些不同的角色，尝试虽多，然而罗伯茨并没有因此为观众留下一个深刻的记忆，这些角色虽然不俗，却缺少个性和与众不同的东西，人们在其中只看到了罗伯茨作为“漂亮女人”所展示出的漂亮迷人。1993 年罗伯茨复出后的《绝对机密》受到好评，但接下来的四部作品票房都不甚理想。直到 1997 年的《新娘不是我》才真正让她扬眉吐气，并受到金球奖的提名，接着罗伯茨与苏珊·萨兰登合作的《亲亲小妈》也受到观众的欢迎。朱丽娅与休·格兰特合作的浪漫喜剧《诺丁山》在上映前就已掀起宣传和评论的热潮，这部片子成为她春风得意的经典作品之一。2000 年的《永不妥协》终于使她获得了奥斯卡最佳女主角奖，也为她在 2000 万片酬的身价画上等号。

在近几年的好莱坞影坛，朱丽娅·罗伯茨是一支雨后春笋，短短几年之内迅速走红，上升速度既快而且突然，片酬逐年提高，如今已是好莱坞身价最高的女演员之一，虽然人们也叫她“大嘴姐姐”，她也不停地对人说“作为女孩我太高了……肩太宽，胸太平”，但这一点也不妨碍她的名字经常出现在各大媒体选出的美女名单中。1990 及 1991 年，朱莉亚·罗伯茨连续两年被《人物》杂志选为年度全球 50 美人之一。1997 年她在英国《帝国》杂志的10月号被列名“影史百大明星”第66名。《福布斯》杂志曾经宣布朱莉亚·罗伯茨是全世界最有权势的女人。

凯特·布兰切特

凯特·布兰切特于 1969 年 5 月 14 日出生于澳大利亚，1992 年毕业于澳大利亚国立艺术戏剧学校。毕业后布兰切特主要从事各类戏剧演出，其中以莎剧居多，并频频获奖，迅速成为澳大利亚一颗戏剧新星。1997 年，凯特同格伦·克洛斯、弗兰西斯·麦克多蒙德共同出演了《天堂之路》，其电影生涯从此开始。1997 年布兰切特出演了《奥斯卡与露辛达》，她扮演的女赌徒形象使大多数观众认识并记住了她，也引起了古装片《伊丽莎白》的导演沙哈·卡帕的注意。伊丽莎白一世是一个非常容易出彩的角色，凯特把这个 16 世纪的女王演出了历史感。由于这一角色的巨大成功，这位澳大利亚女演员获得了 1999 年奥斯卡最佳女演员的提名，并获得了金球奖剧情类最佳女主角的殊荣。

1999年，凯特·布兰切特与安吉丽娜·朱莉、约翰·丘萨克、比利·鲍勃·桑顿主演了迈克·纽厄尔执导的喜剧片《空中塞车》，虽然这部影片的市场反响并不如人意，但是布兰切特扮演的家庭主妇形象仍然受到影迷和影评家的一致好评。同年她在《情人搭错线》中再次扮演了家庭主妇的角色，影片播出后毁誉参半，但是布兰切特在剧中的表现仍然是剧中为数不多的亮点。在拍摄完《天才雷普利》后，凯特·布兰切特在一年之内出演了5部影片。从《纵情四海》中的舞女到《惊魂眼》中拥有特异功能的单亲妈妈，从《终极土匪》中不甘平凡的女子到《疾走天堂》中为夫缉凶的坚强女子，布兰切特演起来都是那么的游刃有余，其戏路之广令人惊叹。《伊丽莎白》的导演曾经说："第一眼看到凯特，就从她的脸上看出了成为一名伟大演员的天赋。"布兰切特有一种奇特的本领，在使人觉得充满吸引力的同时又看上去很平凡。她或许外表平凡，但当需要时她能一瞬间变得异常美丽。布兰切特还有在一分钟之内变换情绪的本事，而当你觉得还有什么需要改进的地方的时候，她都能迅速地做出反映，哪怕只有一点点。在很多明星靠绯闻和暴露来制造话题的时候，布兰切特坚持用演戏来说话。

凯特·布兰切特的主要作品有《指环王：护戒使者》、《魔戒2：双塔奇兵》、《魔戒3：王者归来》、《水中生活》、《伊丽莎白2：黄金年代》等。由于凯特·布兰切特在魔戒三部曲中的出色表现，让她再一次成为全世界影迷的关注焦点。在

2005 年的第七十七届奥斯卡颁奖典礼上，布兰切特凭借对凯瑟琳·赫本的出色演绎，赢得了当届的最佳女配角。在 2007 年第七十九届奥斯卡颁奖典礼上，布兰切特凭借《丑闻笔记》获得最佳女配角提名。2007 年布兰切特凭借《我不在那儿》获威尼斯电影节最佳女演员银狮奖。在 2008 年的第八十届奥斯卡颁奖典礼上，布兰切特分别凭借《伊丽莎白 2：黄金年代》和《我不在那儿》获得了最佳女主角和最佳女配角的提名。

安吉丽娜·朱丽

安格丽娜·朱丽1975年6月4日出生于洛杉矶，原来名叫安吉丽娜·朱丽·沃特，但是很小的时候她的父母就离婚了。从此她被母亲把名字中的“沃特”两字去掉，开始了孤独的成长。

安吉丽娜小的时候经济窘迫，所以她和妈妈与弟弟经常搬家。长大后她做了职业模特，但不久，她就对做模特感到厌烦。于是，她来到纽约，在纽约大学做了一名普通的学生，之后便开始在剧院做表演。接着很快她便杀入影坛，1993年她在《电子人2》中得到了一个小角色，1995年她在影片《骇客》中扮演了一名计算机黑客。安吉丽娜清秀的面容和不俗的演技很快便引起了观众和导演的注意。

在接手了一些反映平淡的影片后，1997年安吉丽娜终于因为在优秀的电视电影《乔治·沃莱斯》中演出乔治·沃莱斯的妻子而一鸣惊人，并获得金球奖。紧接着她喜讯再至，一部HBO的《吉娅》又为她获得艾米奖提名。年轻的安吉丽娜从此名声鹊起，成为好莱坞后起之秀中的佼佼者。1998年她和一批实力派影星联手出演了《随心所欲》，尽管影片本身没有获得很大反响，但安吉丽娜在片中的演技却受到无数好评。

1999年，安吉丽娜一口气拍了《空中塞车》、《拾骨者》和《移魂女郎》3部影片。在《空中塞车》中她与众多大腕演对手戏，没有丝毫逊色；在《拾骨者》中，她扮演了一个机警智慧的女警察，和全身高度瘫痪的警官合力对付一个凶残的连环杀手；而在《移魂女郎》中，她又摇身一变成了精神病院的一名问题少女。2001年安吉丽娜出演了《古墓丽影》。2004年她连续接演了《机动杀人》等多部影片，成为高产演员。

安吉丽娜把握各种不同角色的出色能力让观众赞不绝口，特别是她在《移魂女郎》中的表演为她赢得金球奖的提名。

安吉丽娜·朱丽的代表作品有：1996年的《无证可寻》、《摩哈维的月亮》，2000年的《黑暗之舞》、2003年的《古墓丽影2》、2004年的《亚历山大大帝》、2005年的《史密斯夫妇》等。2005年她当选著名男性杂志——《男人帮》一年一度的百大性感女星排行榜第一位。安吉丽娜不仅漂亮还智慧过人、率真坦白、对自己的信念充满热忱。作为联合国难民署的亲善大使她不知疲倦地四处奔走，赢得了全世界的尊重。安吉丽娜·

朱丽领养了两个儿童：分别是 2002 年领养的柬埔寨男孩和 2005 年领养的埃塞俄比亚女孩。2005 年根据美国《商业周刊》进行的民意调查，安吉丽娜·朱丽当选了美国人心目中最理想“女总统”的第 3 名。前两位分别是希拉里·克林顿和赖斯。

凯特·温斯莱特

凯特·温斯莱特 11 岁的时候，在一家电视台为某麦片公司做的广告中，主演了和“蜜糖魔头”交战的小女孩。1991 年，她从学校毕业了，不久，她就被电视台相中，演出了很多电视剧。17 岁的时候，她演出了第一部电影《天堂生物》，在片中她扮演一名来自新西兰的女学生。接下来，她在《理智与情感》的试镜中，从数以千计的报名者中脱颖而出，获得了这一珍贵的演出机会，她自己为此还参加了一个钢琴课程。影片上映后大受好评，她也获得奥斯卡最佳女配角提名。紧接着她又签了好几部根据传统剧作和名著改编的影片，比如哈代的《无名的裘德》，莎士比亚的《哈姆雷特》等等。

1997 年，她一次次不厌其烦地向大导演詹姆斯·卡梅隆寄上自荐书，最终获得世纪之作《泰坦尼克号》中罗丝这一角色。她最新的作品是《圣烟》，讲述一个年轻的澳大利亚少女，在印度的旅行中被神秘教派控制的故事。片中的她举手投足间都有股独特的魅力，为此她又获得了威尼斯电影节的最佳女主角提名。

长久以来温斯莱特一直被认为是“古典气质的女孩”，而她也的确具有一种与其他女演员迥然不同的典雅气质。只是，就像观众们在《泰坦尼克号》里看到的那样，温斯莱特不是一个弱不禁风的明星，她的外型更像19世纪欧洲名画中的女主角。

《泰坦尼克号》中的露丝与杰克的爱恋，不知感动了多少男男女女，凯特·温斯莱特也一跃成为人所共知的明星。《泰坦尼克号》这部轰动全球创下有史以来票房最高纪录的影片令温斯莱特一下跻身国际著名女演员之列，并获奥斯卡最佳女主角提名，该片也成为有史以来全球最卖座的影片。她的其他主要影片有《梦幻天堂》、《神气威龙》、《绝恋》、《北非情人》、《鹅毛笔》、《携手人生》、《拦截密码战》、《大卫·戈尔的一生》、《暖暖内含光》、《寻找梦幻岛》、《身为人母》《爱情和香烟》、《恋爱假期》、《深深的海洋》、《冲走小老鼠》、《国王班底》、《朗读者》、《革命之路》。

瑞茜·威瑟斯彭

瑞茜·威瑟斯彭生长在田纳西州的纳什维尔，她是医生和护士的女儿，7 岁时她就开始从事模特儿演出，并拍摄了不少电视广告片。瑞茜·威瑟斯彭 15 岁时进入影坛，1994 年，她进入斯坦福大学读书，主修英文。尽管她抽出时间主演了 1994 年的《S.F.W.》，威瑟斯彭还是把演艺事业放在了读书的次要地位。直到 1996 年，她才再次拍片，并且在盖瑞罗斯的《欢乐谷》中展示了过人的喜剧天赋。

1999 年威瑟斯彭演出影片《风流教师霹雳妹》，并声名大振。刚出道时的威瑟斯彭勇于大胆尝试不同戏路的演出，不管是青春喜剧、惊悚片或剧情片，都拿捏得恰如其分，使她从新生代演员中脱颖而出，成为最被看好的明日巨星之一，她不仅拥有甜美的外形，精湛的演技更获得认同，加上举手投足间散发出的个人独特魅力，风靡了无数观众。

2001年瑞茜·威瑟斯彭主演了《律政俏佳人》，在美国引起巨大反响，这部影片让她拥有了好莱坞一线女星的地位，并就此成为新一代“美国甜心”。之后的《阿拉巴马，甜蜜的家》也大获成功，虽然瑞茜·威瑟斯彭的长相并不符合好莱坞传统的审美倾向，但她收放自如的表演能力和十足的自信，却让她在好莱坞拥有了一定的地位，《律政俏佳人》公映时，她曾信心十足地说：“我这辈子至少会拿三次奥斯卡最佳女主角奖。”瑞茜·威瑟斯彭现在已经成功地超越了卡梅伦·迪亚兹和妮可·基德曼，成为目前好莱坞片酬最高的女明星。

瑞茜·威瑟斯彭21岁时在生日派对上遇到瑞恩·菲利普，两人一见倾心，并就此私定终身，1999年3月二人结婚，两人育有一个7岁女儿和一个3岁的儿子。2006年11月瑞茜·威瑟斯彭宣布与瑞恩·菲利普离婚。

2006年，瑞茜·威瑟斯彭凭借电影《一往无前》中的出色表演获得第七十八届奥斯卡最佳女主角，实现了自己的“三分之一”梦想，也登上了自己演艺事业的巅峰。她的其他代表作有：《随歌而行》、《宛如天堂》、《名利场》、《律政俏佳人2》、《阿拉巴马甜蜜的家》、《不可儿戏》、《真爱伴鹅行》、《魔鬼接班人》、《完美计划》等。